U0024118

往事已蒼老

蔡登山　著

蔡元培

北京大學紅樓外景

蔡元培（孑民）在香江的墓園

陳獨秀

《新青年》雜誌

陳獨秀與胡適

1904年魯迅畢業照

1936年10月8日，魯迅參加第二回全國木刻流動展覽會

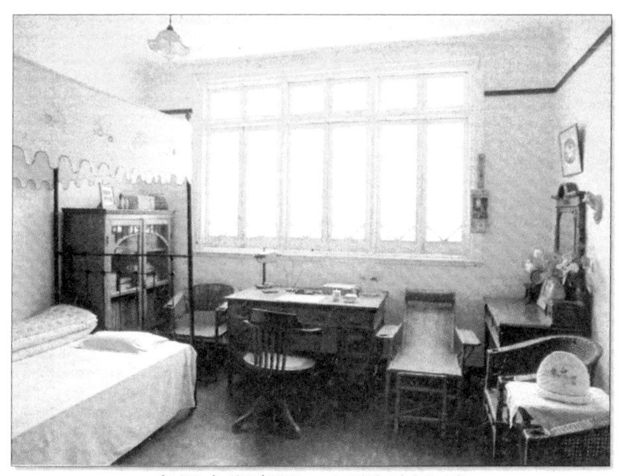

魯迅上海寓所─大陸新村九號

年輕時代的周作人（中）、羽太信子（左）、羽太重久（信子之弟）

二十年代的周作人

周作人的「苦雨齋」依舊，但人事已非。

郁達夫送給林語堂的照片
（1937年春攝於福州）

創造社成員—左：郭沫若、中：郁達夫、右：成仿吾

郁達夫富陽的故居（長媳接受訪問情形）

林徽音

我真不知道我要說的是什麼話，我已經好
幾次提起筆來想寫，但是每次總是寫
不成篇。這兩日我的頭腦總是昏沉沉的，開著
眼閉著眼都只見大前晚模糊的悽清的月色，
照著我們不願意的車輛，遲遲的向荒野裏退縮。
離別！怎麼的能叫人相信？我想著了就要發
瘋。這麼多的絲，誰能割得斷？我的眼前又
黑了！

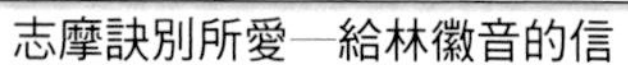
志摩訣別所愛—給林徽音的信

除志摩

陸小曼

朱自清

朱自清與夫人陳竹隱

朱自清故居

老舍在倫敦

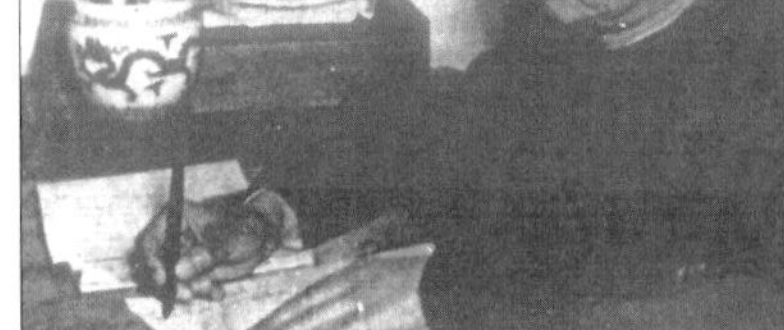

晚年的老舍

老舍的出生地—北京小羊圈胡同

冰心

冰心在北京中剪子巷的故居

晚年的冰心擔任《作家身影》的名譽顧問

一九二二年的
沈從文

沈從文與張兆和新婚燕爾

沈從文筆下的湘西

巴金

巴金及女兒李小林接受訪問留影

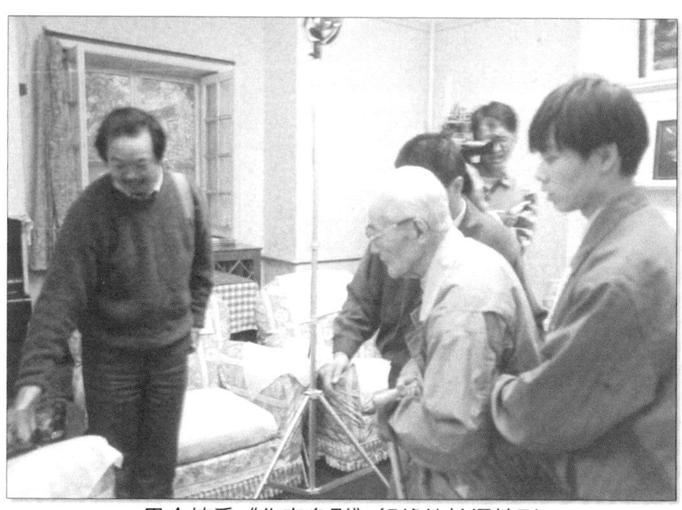

巴金接受《作家身影》紀錄片拍攝情形

曹禺

曹禺與夫人李玉茹

曹禺看《作家身影》的企劃案

蕭乾與文潔若

蕭乾及夫人文潔若

筆者訪問蕭乾的情景

高中時期的張愛玲

「傳奇」一書的封面，是一則傳奇。

張愛玲的著作之一

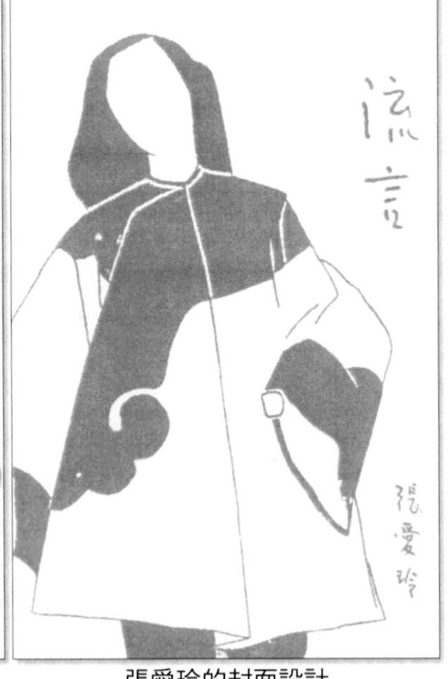

張愛玲的封面設計

逼近作家的眞實生命（代序）

前些日子接獲友人子善兄寄來張中行先生的《負暄瑣話》，張老先生一九三六年北大畢業，此書寫三〇年代前期的北大舊人舊事，得章太炎、熊十力、胡適、周作人、劉半農、朱自清等三十餘人。作者藉半個多世紀滄桑中的片斷點滴，「記可傳之人、可感之事和可念之情」。論者稱其以行雲流水、沖淡自然之筆，寫今世之《世說新語》，描畫「逝者如斯」而寓悲天憫人之懷。寫人難，寫作家、學者更難，但中行老先生卻輕輕點染，栩栩如生，這歸功於他的智慧與見識，能將深沉的內容，寫得輕鬆幽默，確是傳記文學中的高手。

人物傳記，古已有之，然能得其神髓者，似不多見，太史公可謂其中之佼佼者，其所以然者，在於能找到和傳主生命相契合的最佳呈現方式，達到「人之不同，各如其面」

的效果。而汪曾祺先生，這位沈從文的得意高徒說，沈老教寫小說的祕訣，在於要「貼著人物寫」。這與傳主心靈的貼近，是所謂眞實地再現作家的不二法門。當然，就一個歷史人物而言，一旦他進入傳記領域，他的「眞實」，永遠不會是絕對的，這種「眞實」，只能是傳記作者在各自的創作過程中，所表現出的「眞實」。不同的作者，可以寫出不同的傳記，但它們都不可能是傳主唯一的眞實。甚至作家本人的自述或回憶，也不是絕對的眞實，有些作家並不存心想誆人，但有時也難免在吐露眞情的同時，下意識地摻進幾句假話。因此從作品中去探求作家的內心，有時反而更可靠些，因爲創作常常是作家內心隱情的抒發，那些在實際生活中遭受壓抑的情節，那些被埋在心腑而無法實現的欲望，常常會從他的筆端不經意地流露出來，唯有抓住作家這種內心的矛盾，我們才能逼近他的靈魂。

逝者如斯，但每一過往的江水，都不同於以往，正如燦爛的陽光，每天都閃爍不同的光芒。我們每天每天地走向未來，但相對的也一天一天地成爲歷史。大江東去，浪淘盡，千古風流人物。時間無情，在歲月的淘洗中，一切都已成爲陳跡，甚至更是變了樣了。簡單的、無意識的、偶然爲之的某一歷史瞬間，也許被後人解說得無比複雜而意味深遠；錯綜複雜、影響巨大的事件，卻又可能被視爲林間隨意飄過的一陣清風。歷史常是如此地弔詭，而一切描述追索、解說又顯得那麼蒼白無力，雖然如此，但在故紙堆中，翻尋悠悠的往事，回溯過往的恩怨情天，仍然充滿著無盡的誘惑。

而余生晚又晚，無緣親炙這些作家，然對他們的傳記，甚至瑣事、軼聞，即使片言隻字，也常蒐集考辨，希望能藉此勾勒出作家的身影。所得之幻影，在腦海中時而清晰、時而模糊，深怕有朝一日煙消火滅，遽爾消亡。遂仿《負喧瑣話》，草成短文數篇。既無中行老先生之才，它的的確確只能算是瑣屑話語。其間得感謝溫智平先生、瘂弦先生、陳義芝先生、梅新先生、林黛嫚小姐、吳孟樵小姐、平鑫濤先生、陳皪華小姐、鍾怡雯小姐、陳祖彥小姐，是他（她）們照顧提攜，讓我得塗寫這些不成熟的文字。最後當然更得感謝元尊文化公司的楊淑慧小姐，是她不斷地鼓勵與催促，才使得這些文字有結集出書的一天。瑣屑話語，原無足觀。但願讓那些蒼老的往事，重回記憶!!

目錄

彷彿依舊看見那身影

在歷史荒原上，一位孤獨者正發出受傷的狼般的淒愴的嗥叫：「我只得走，我還是走好吧……」，「過客」心頭的聲音在前面迴盪，我們依稀見到魯迅的身影；在沅水流域內，一隻火浴再生的鳳凰，一顆顆、一行行地啄食著大地的字釘，那麼美麗高貴而安詳，這何嘗不是沈從文的寫照；在北京八道灣的苦雨齋、在十里洋場的常德公寓，有我們熟悉的身影……。

約莫在二十年前，在大學的教室裡，從老師的口中，驚鴻一瞥地見到朱自清、徐志摩的身影，那是所謂「現代文學」兩學期課程的總結，至於其他的新文學作家則失之闕如。「徐、朱」兩人還拜了在一九四九年前身故之賜，否則亦難免和其他同輩一樣，被列為「附匪作家」而遭禁閱之列，而這段原可薪傳的「五四」傳統，卻成為「驚人的告白」。

爾後的一段歲月，牯嶺街的舊書攤，泰順街、新生南路的流動書攤，就成了我經常流連駐足的地方。多少個黃昏摩挲著《阿Q正傳》、《邊城》等從舊書攤買回的泛黃紙頁；多少個夜晚挑燈看著被割裂後不具名的《中國小說史略》、《中國神話研究A、B、C》等翻印本。就這樣魯迅、沈從文、茅盾的部分作品被閱讀，但卻是那樣支離破碎、那樣斷簡殘篇，一幅幅被政治撕碎的作家畫像，似乎再也拼湊不出原來的面目。

作家心靈的探索長期來從未覓得知音，悠悠身影已如被浸漬過的墨跡，正逐漸地暈散，褪不掉的是篇篇傑作中的字字珠璣。面對這些不朽的作品，我們更迫切地想要多瞭解作家本人。「文如其人」或「人如其文」，這「文」與「人」有著千絲萬縷的糾葛。不論過去、現在或未來，不論任何人，都不可能完全掌握「文」，只能無限地走近；至於「人」之相知，難也。作家的自白、親友的旁述、評論家的月旦，似乎只能得到一個側影。

在世紀末的今天，一些深具卓見的學者，開闢了嶄新的「二十世紀視角」。他們在研究中不再因襲傳統的近代、現代、當代的三分法，對現代文學中作家作品、思潮流派的研究也不再囿於「五四」至一九四九年的幾十年範疇中，而是站在世紀的高度，從某一角度切入，探索中國文學近百年的發展軌跡。他們指出，歷史學（包括文學史）是一種思想，是通過對歷史材料的編排和解釋來體現歷史學家的主觀世界，而每一個歷史學家都是從一個特定的視角去編修和解釋歷史材料的，要完全復原過去的歷史現象，在邏輯上是不可能的。因此那些我們以爲是客觀歷史的東西，實際上都只是前人對歷史的主觀理解。

「傳記在於探求確確實實、不加誇張的眞實」，任何一位作家，都富有創造性，但同樣又都是凡人，他們不可能只有超越自我的勝利時刻，也必然要面對軟弱卑怯的刹那，要勾勒這個豐富而複雜的個體，就要觸及他的心靈深處。對於某些作家甚至有意地迴避作品文本，而置之於自看與被看中，是因他們在作品外活得更眞實更明智更生動更本色，更能自然準確地體現出自身的文化特質，更可靠有力地成爲自己或文學本體的「注脚」；而對於某些作家，作品形同生活本身，尤其是他們的日記、書信已道盡生活的點點滴滴，正如周作人所說的：「日記與尺牘是文學中特別有趣的東西，因此比別的文章更鮮明的表出作者的個性。詩文小說戲曲是做給第三者看的，所以藝術雖然更加精煉，也就多有一點做作的痕跡。信札只是寫給第二個人，日記則給自己看的（寫了日記預備將來石印出書的，算作例外），自然更眞實更天然的了」。

曾經是二十世紀新文學發源地的北大紅樓，在今日已經面目全非；「五四」的風雲人物，業已花果飄零！懷著景仰的心情，追尋開拓者的足跡，在思想多元的當代，重新檢視傳統，其間有著相當艱難的選擇，心情是沉重的，而當意識到這沉重，沉重就成了難以推卸的宿命。像薛西弗斯擾動巨石一樣，還沒有到達頂峰前，我們還要繼續地走下去，在呼蘭河邊、在北國、在江南，還有更多我們要追尋的身影……。

（原刊於一九九五年五月二十六日聯合副刊）

往事已蒼老

人有記憶，但也容易遺忘。因此在紀念碑上常常見到「永誌不忘」的話語，簡單樸素的字眼，卻給人相當大的心靈撞擊；尤其是無名英雄的碑石，在在凸顯他們的失去生命，才讓我們活得更好。「永誌不忘」，我們又怎能忘懷?!然而時間是無情的，它能讓往事塵封，它能讓記憶忘卻！於是當「台大哲學系事件」再度擾嚷不休，「學術自由」重新成爲話題時，更使我們想起一個人，那就是蔡元培先生。

詩人余光中在一九七七年六月憑弔蔡元培墓後寫下這樣的詩句，「……想墓中的臂膀在六十年前／殷勤曾搖過一隻搖籃／那嬰孩的乳名叫做五四／那嬰孩洪亮的哭聲／鬧醒兩千年沉沉的古國／……」是的，當胡適、陳獨秀、魯迅、周作人諸先生不斷被提及時，不該被遺忘的莫過於蔡元培。是蔡元培提供了「北大」讓他們做爲論道的舞台；是蔡元培主張學術自由，讓他們的議論得以暢所欲言。蔡元培日後回憶道，「我對於各家學說，依各國大學通例，循思想自由的原則，兼容並包。無論何種學說，苟其言之成理，持之有故，倘不違自然淘汰命運，即彼此相反，也叫他們自由發展。例如，陳君介石、陳君漢章一派的文史，與沈君尹默一派不同；黃君季剛一派的文學，又與胡適的一派不同；那時候各行其是，並不相妨。」這是何等胸襟，何等見識！

「兼容並包」是蔡元培主持北大在學術流派上的主張，但在用人方面他卻偏向具有先進思想的新派人物，他回憶說：「北大的整頓，自文科起。舊教員中如沈尹默、沈兼士、錢玄同諸君，本已啓革新的端緒；自陳獨秀君來任學長，胡適之、劉半農、周豫才、周豈明諸君來任教員，而文學革命、思想自由的風氣，遂大流行。」蔡元培用人只問學問、能力之有無，而不計其他，因此有帝制復辟派的辜鴻銘、新帝制派的劉師培、國民黨的王寵惠、無政府主義的李石曾，及以後變成共產黨的李大釗、陳獨秀；而任用年僅二十四歲沒有文憑的梁漱溟，聘請外國學者如杜威、羅素、泰戈爾等人，亦見其過人之膽識與眼光。尤有甚者，當北大處於北洋軍閥惡勢力中，有人向蔡元培建議：解除陳獨秀聘約，並約制胡適言論，以保全北大時，他毅然表示「這些事我都不怕，我忍辱至此，皆爲學術，但忍辱是有止境的。北京大學一切的事，都在我蔡元培一人身上，與這些人毫不相干。」他百般保護「囊括大典，網羅衆家」的新文化聖地，讓北大自由的空氣，免於亂世和政治的干擾。

七十多年後的今天，蹀躞在五四大街，逡巡現已改爲國家文物局的北大紅樓，只見門口的一塊小小刻石寫著「李大釗、毛澤東曾在此活動過」的字樣，隻字不提蔡元培，而回看熙熙攘攘的人群，究竟有多少人知曉這新文化聖地？更有幾多人懷念這位先驅者呢？

人是容易健忘的，政治的風向更容易顚覆歷史。當我們到紹興去時，同爲紹興的三位先賢：蔡元培、秋瑾、魯迅，在生前與故去後卻有著不同的排列，正如蘇曉康所言「蔡元培爲光復會會長時，秋瑾是他麾下大將。民初蔡先生任教育總長時，魯迅也是他的屬下，後又被他聘爲北大講師。」「雖非有意區別對待，卻無意中將三先賢生前的身位倒置了。」面對魯迅、秋瑾紀念館的熱鬧喧嘩聲，筆飛弄的蔡元培紀念館就顯得門前冷落車馬稀了，「冠蓋滿京華，斯人獨憔悴」！

一九三七年蔡元培避戰亂於香江，一九四〇年憂憤孤寂而終，華人永遠墳場成爲新文化保母長眠之所。但四十年來，他從朝夕面對小舟漁火到今日看盡車塵人煙，他似乎還在眷顧著多難的地方——他那辛苦耕耘的校園；但人們卻似乎把他遺忘得太久太久了。四十年來一方高不及人刻著「蔡孑民先生之墓」的碑石，冷然蕭索地孤立著，慣看秋月春風！直到一九七七年余光中、周策縱、黃國彬諸先生踏遍北邙，好不容易才找到荒涼已久的墓石。又一年由北大、台大同學會重修墓園，始有今日之規模。當我們讀一遍那刻在碑上的墓表，我們的思緒又回到北大紅樓，一位偉大教育家的身影迎面而來，他是那麼溫和、寬容而罕見，正如六十年前跟隨蔡元培當助理的高平叔教授所言：「胡適曾經轉述美國哲學家杜威的話說：『拿世界各國的大學校長來比較一下，牛津、劍橋、巴黎、柏林、哈佛、哥倫比亞等等，這些校長中，在某些學科上有卓越貢獻的，固不乏其人；但是，以一個校長身分，而能領導那所大學對一個民族、一個時代起轉折作用的，除蔡元培而外，恐怕找不出第二個。』」哲人雖日已遠，但我們不能讓這頑石永遠永遠索隱於海外孤島！

（原刊於一九九五年七月二十四日聯合副刊）

冠蓋滿京華・斯人獨憔悴

「五四」轉眼間又過了七十三個年頭！「五四」就狹義講，它是指民國八年五月四日到六月間的一項學生愛國運動；而就廣義而論，它是我國近代思想史上的啓蒙運動。其時間可上溯到一九一五年《新青年》的創刊與「二十一條要求」所激起的反日情緒，下延至一九二三年的科學與玄學的論爭，其間經緯萬端、錯綜複雜，已不是單一事件所能概括。同時在數十年後的今天，面對這一歷史公案，也是衆說紛紜，各執一詞。有人奉若開天闢地之壯舉，有人抑啓蒙而揚救亡，有人視爲集反傳統之大成，有人視爲中國動亂之根源。而這個原屬於中國知識分子獨立掀起的一場運動，卻在徬徨與迷失及政治的干擾下，弄得面目全非了。

民國二十九年三月二十四日陳獨秀在重慶中央日報發表〈蔡孑民先生逝世感言〉一

文（蔡元培於該年三月五日病逝於香港，陳發表此文時年六十二歲，兩年後病逝四川江津）中有言：「五四運動，是中國現代社會發展之必然的產物，無論是功是罪，都不應該專歸到哪幾個人；可是蔡先生、適之和我，乃是當時在思想言論上負主要責任的人。」蔡元培、陳獨秀、胡適，這三位「卯字號」的三代（他們都是卯年出生的，各差十二歲），確實在「新文化運動」中，扮演舉足輕重的角色。有關蔡元培、胡適之的評論，「前人之述備矣」，因此僅就陳獨秀與《新青年》及其他諸人之關係，草成此文。

陳獨秀於民國四年六月中自日返國後，即積極籌備自辦雜誌，他先找汪孟鄒，但因汪力量不足以承擔印刷發行等事項，旋經汪介紹去找當時開辦群益書店的陳子佩、陳子壽兄弟，後者樂意承擔雜誌的印刷和發行工作，雙方議定：每月的編輯費和稿費二百元，月出一本，於是民國四年九月十五日《青年雜誌》創刊。陳獨秀並發表創刊詞——〈敬告青年〉一文，並陳述新青年六義：一、自主的而非奴隸的。二、進步的而非保守的。三、進取的而非退隱的。四、世界的而非鎖國的。五、實利的而非虛文的。六、科學的而非想像的。以這六條標準來表明作者創辦《青年雜誌》的目的，在於造就此種「新青年」，以從根本上探求拯救中國之道而奮鬥。當然此時陳獨秀心目中的新青年的形象，就猶如梁啓超的「新民」一樣，似屬資產階級之民主主義的範疇，即「以個人爲本位」（個人主義、自由平等、個性解放等），「以法治爲本位，以實利爲本位」。同時在論述六條標準指出「國人欲脫蒙昧時代，羞爲淺化之民也，則急起直追，當以科學和人權並重。」表明《青年雜誌》一開始就高舉科學與民主之大纛，從而揭開中國近代文明新文化運動的序幕。

《青年雜誌》第一卷包括六期，第六號出版於民國五年二月十五日。然後由於「種種原因，不克按期出版」（見第二卷第一號頁七），其時正因護法戰爭爆發），停刊半年。接著第二卷第一號在民國五年九月一日出版，並改名爲《新青年》。根據民國五年三月三日汪孟鄒日記說道，群益書社接到上海青年會一封信，說《青年雜誌》與他們的《上海青年》的名字雷同，應及早改名，省得犯冒名的錯誤。爲此群益書社經理陳子壽赴陳獨秀住宅商量，擬將《青年雜誌》改名爲《新青年》。商量時汪孟鄒在座，汪也贊成改名。

（引自汪原放《回憶亞東圖書館》頁三十二）從創刊到民國六年一月，陳獨秀卻是唯一的編輯人，民國六年一月陳獨秀接任北大文科學長（文學院長），新青年社隨之遷到北京箭杆胡同九號，不久吸收錢玄同、劉半農、沈尹默等人參加編輯工作，後來魯迅、周作人亦加入編輯部。民國七年一月召開編輯部會議，決定改爲同仁刊物，宣布「自第四卷第一號起，投稿章程業已取消，所有撰譯，悉由編輯部同仁，共同擔任」。魯迅在〈憶劉半農君〉一文中提到「採取集議制度，每出一期，就開一次編輯會，商定下一期的稿件」。魯迅也應邀參加編輯會議，在會上第一次認識剛剛加入編輯部的李大釗。約從該年七月（第五卷第一號）開始，《新青年》採取輪編的辦法，但陳獨秀仍總其責。這個辦法爲以後陳獨秀、李大釗等人利用《新青年》這塊陣地，舉起「打倒孔家店」旗幟，宣傳馬克思主義創造了條件。另外《新青年》的前三卷都用淺近的文言，從第四卷起（民國七年一月）幾全面白話文寫作，影響所及，在五四運動以後，許多報紙及雜誌（據估計使用白話文的雜誌，有四百種以上）也用白話文表達新思想。民國九年，教育部在新學制中，更明定中小學教科書開始用白話文。

《新青年》第六卷第一號（民國八年一月十五日出版）有「本雜誌第六卷分期編輯表」，公布第六卷各期輪流編輯的名單是：第一號陳獨秀、第二號錢玄同、第三號高一涵、第四號胡適、第五號李大釗、第六號沈尹默。因此有人據此斷定只此六人參與輪流編輯，似不正確。因爲當時編輯部成員除上述六人外，還有魯迅、周作人、劉半農等十幾人，自然都有參與輪流編輯的資格，只因本卷只出六期，故只列六人名單。另據周作人民國七年十月二十一日日記，說錢玄同告訴他，參加明年分期編輯的有十二人：陳獨秀、胡適、陶孟和、李大釗、高一涵、錢玄同、沈尹默、沈兼士、劉半農、周慰慈、陳百年、傅××（傅斯年）。因此有的人可能在這之前已編過，有的則計畫安排在以後編。沈尹默在〈魯迅生活中的一節〉一文（《文藝月報》一九五六年第十期）中也講到，參加輪流編輯的有「魯迅兄弟」。周作人的輪流名單，雖無他本人，卻有劉半農。而原定由沈尹默編的第六卷第六號，最後由沈請劉半農及錢玄同代編。《新青年》第六卷第五號於民國八年五月出版，後因「五四」事件及陳獨秀於六月十一日被捕入獄而被迫停刊，歷經三個月餘，陳獨秀於九月十六日出獄。在這同時北大校內評議會乘蔡元培校長出走，正式批准陳獨秀辭去文科學長之職。根據同年十月五日「周作人日記」說，當天下午，在胡適寓所召集《新青年》編輯部會議。由於《新青年》第六卷第五期的「馬克思主義研究號」集中刊登了一批宣傳馬克思主義的文章，引起胡適的恐慌和不滿。胡適在會前對沈尹默等人說：「《新青年》由我一個人來編」，反對大家輪流編輯。魯迅對沈尹默說：「你對適之講，『也不要你一人編。《新青年》是仲甫帶來的，現在仍舊還給仲甫，讓仲甫一人去編吧！』」於是會議決定，《新青年》自第七卷第一號起，由陳獨秀一人來編。

民國九年九月一日新青年社成立，並出版《新青年》第八卷第一號。《新青年》脫離群益書社，獨立出版，編輯卻復歸上海漁陽里二號（陳獨秀寓所）。《新青年》從此開始，成爲中國共產黨的機關刊物，系統地介紹馬克思主義和蘇聯革命與建設的經驗，批判各種反馬克思主義的思潮。同年十二月十六日，陳獨秀應陳炯明之邀，自上海乘船至廣東時，特致函胡適、高一涵：「《新青年》色彩過於鮮明，弟近亦不以爲然，陳望道君亦主張稍改內容，以後仍以趨重哲學文學爲是。」還說：「南方頗傳適之兄與孟和兄與研究系接近，且有惡評……我盼望諸君宜注意此事。」（見張靜廬編《中國現代出版史料》甲編，〈關於《新青年》問題的幾封信〉。下同）胡適在民國十年一月二日（原信未署日期，根據內容及魯迅一月三日之日記推斷。）復函陳獨秀，提議解決「色彩過於鮮明」之辦法有二：一、讓《新青年》流爲一種特別色彩之雜誌，而另創一個哲學文學的雜誌。二、若要《新青年》改變內容，非恢復我們「不談政治」的戒約不能做到，「但此時上海同人似不便做此一著，兄似更不便，因爲不便示人以弱，但北京同人已不妨如此宣言。故我主張趁兄離滬的機會，將《新青年》的事，自九卷一號移北京來，由北京同人於九卷一號內發一個新宣言，……聲明不談政治」。三、停辦。

此信發出後，胡適又根據魯迅和周作人、陶孟和之主張，二次致函陳獨秀，強調「一、移回北京；二、移回北京而宣言不談政治」。陳獨秀接信後很生氣，立即給李大釗等八人復信，對胡適主張《新青年》移回北京而宣言不談政治極爲不滿，認爲胡適提出的「另辦一雜誌」的主張是「反對他個人」，聲明胡適如另起爐灶，「此事與《新青年》無關」。

錢玄同見陳信後感嘆，「初不料陳、胡已到短兵相接的時候」，並認為胡適「新主張者較為近是。……至於仲甫疑心適之受到賢人系（研究系）的運動，甚至謂北大已入賢掌之中，這是他神經過敏之」。李大釗致函胡適，報告他本人及錢玄同、魯迅、周作人都贊同胡適所提的第一種辦法，並說，「關於研究系謠言問題，我們要共同給仲甫寫一信，去辯明此事。」一月二十六日，胡適整理《新青年》北京同人表決結果：贊成移北京編輯者：慰慈、一涵、守常。贊成北京編輯，但不必強求，可任他分裂成兩個雜誌，也不必爭《新青年》這個名目：豫才、啓明、玄同。贊成移北京，如實不能則停辦，萬不可分為兩個雜誌，致破壞《新青年》精神之團結：撫五、孟和。

胡適等在北京為《新青年》議論未決，上海法捕房已將第八卷第六號《新青年》查扣（原定民國十年二月一日出版），陳獨秀因即決定移廣州出版。二月十五日，陳獨秀函胡適：「我當時不贊成《新青年》移北京……，因為近來大學空氣不大好；現在《新青年》已封禁，非移粵不能出版」；「你們另外辦一個報，我十分贊成」（即民國十一年胡適等主辦的《努力周報》），當天陳獨秀又致函魯迅和周作人：「《新青年》風浪想必先生已知道了，此時除移粵出版，無他法。北京同人料無人肯做文章，唯有求助於你們兩位。」同年四月一日，《新青年》第八卷第六號在廣州出版，《新青年》社並遷至廣州昌興路二十六號，但編輯部實際上仍留在上海。同年十月一日新青年社在出完第九卷第五號（九月份）後解散，《新青年》則再出一期（第九卷第六號於民國十一年七月出版）後停刊。其後由瞿秋白編輯的《新青年季刊》，出版了四期（從民國十二年六月到民國十三年十二月）之後，還有不定期的《新青年》出了五期（從民國十四年四月到民國十五年七月），《新青年》終告「壽終正寢」。

《新青年》從民國四年九月十五日創刊，至民國十五年七月永久停刊止，共出六十三冊。但其主張，卻因時局環境的變化而前後不同，關於《新青年》的分期，美國學者將其分爲兩大階段，五個時期：一、歐美思想文化爲主導的階段：①尋求新文化認同期、②分析中國社會和文化期、③政治性討論期。二、馬列主義爲主導的階段：④傳播馬克思主義期、⑤馬列主義內化期。而日人藤田正典則將《新青年》分爲兩個時期：新文化運動啓蒙期、馬克思主義宣傳期。傅斯年則按編輯和內容，將《新青年》分爲：①陳獨

秀任編輯、②與胡適等共同編輯、③馬克思主義宣傳刊物，三個時期。(見劉德美〈新青年與新文化運動〉一文之注解⑫)

《新青年》雖只有短短的十年，但卻對新文化運動影響極大。前期著作最多而又具影響力者爲陳獨秀、胡適、李大釗、錢玄同、劉半農、魯迅、周作人等均以改革舊傳統爲主要論點；後期重要作者則爲陳獨秀、袁振英、瞿秋白、張崧年等共產黨人，所論議題即以共產主義爲主。然而不管前、後期之作者，似乎都環繞著陳獨秀。陳獨秀於民國三年七月應章士釗之邀，去日本協助章編輯《甲寅》雜誌，始識助章編輯《甲寅》的高一涵，以文會友認識李大釗、易白沙，他們三人後來都成爲《新青年》的作者群。其中李大釗後來和陳獨秀均爲中共建黨的領導人物，號稱「南陳北李」。民國四年五月陳獨秀選錄四川吳虞的「辛亥雜詩」，並加詮釋，刊登於《甲寅》第一卷第七期，從此這兩位「打倒孔家店」的名將發生關係，吳虞的〈儒家主張階級制度之害〉、〈禮論〉等一系列評論儒學禮教的文章，陸續發表在《新青年》第三卷上。

陳獨秀與胡適眞正認識當在民國四年，《青年雜誌》創刊之後。吳相湘先生《民國百人傳》（頁一百三十六）說：「清季《安徽白話報》發行時，胡、陳都是撰述人」，胡適〈四十自述〉說：「光緒宣統之間，范鴻仙等辦《國民白話日報》，李莘伯辦《安徽白話報》，都有我的文字，但這兩個報只有幾個月的壽命。」而陳獨秀曾於光緒三十年在蕪湖辦《安徽俗話報》，但未聞有辦過《安徽白話報》（僅郅玉汝：《陳獨秀年譜》有提及，但迄今未發現陳發表在該報上的文章，也沒有當事人憶及），因此吳、郅之說當無足證。另胡適曾投稿於《甲寅》，但稿件遺失（《甲寅》雜誌記者的話……而其稿爲一友人借去，輾轉傳閱，竟至紛失，良用慨然。），但給《甲寅》雜誌記者的信，卻刊出來。（據胡頌平編《胡適之先生年譜長編初稿》推斷其信當在民國四年七、八月間）。此時陳獨秀雖在襄助《甲寅》，但無證據證明陳與胡直接認識，然胡適其人及其主張，看來陳是知曉了。因此，他一辦《青年雜誌》就想約胡適的稿。據唐寶林、林茂生《陳獨秀年譜》認爲陳、胡眞正認識當在民國四年十月六日汪孟鄒致函胡適：「今日郵呈群益出版社《靑年雜誌》一冊，乃煉（指汪自己）友人皖城陳獨秀君主撰，與秋桐（章士釗）亦是深交，曾爲文載於《甲寅》者也；擬請吾兄於校課之暇擔任《青年》撰述，或論文、或小說戲曲均所歡迎。每期多固佳，至少亦有一種。煉亦知兄校課甚忙，但陳君之意甚誠，務希撥冗為之所感幸。」

而在美留學的胡適於民國五年二月三日致函陳獨秀：「今日欲為祖國造新文學，宜從輸入歐西名著入手，使國中人士有所取法，有所觀摩，然後乃有自己創造之新文學可言也。」並附上翻譯俄國泰來夏甫的〈決鬥〉一篇。（刊於同年九月《新青年》第二卷第一號）。然後胡適又在同年十月致函陳獨秀，提出八個「文學革命」的條件。不到一個月，寫成〈文學改良芻議〉，用複紙鈔了兩份，一份給《留美學生季報》，一份寄給《新青年》發表。（刊於民國六年一月一日《新青年》第二卷第五號）。接著，陳獨秀就在《新青年》第二卷第六號上發表〈文學革命論〉一文，大張旗鼓地加以響應。「文學革命」這個口號，就這樣喊出來了。

陳獨秀雖然嶄露頭角，但在取得蔡元培的支持，而成為北大文科學長後，他更有充分的條件擴大與北京知識界的聯繫，這自然給以後新文化運動的發展帶來莫大的便利。蔡元培曾說：「我對陳君本來有一種不忘的印象，就是我與劉申叔在《警鐘日報》服務時，劉君語我：有一種在蕪湖發行的白話報，發起的若干人都因困苦及危險散去了，陳仲甫一個人又支持了好個月。」（見〈我在北京大學的經歷〉，刊《東方雜誌》第三十卷一號）因此當蔡元培接任北大校長後，就先拜訪北京醫專校長湯爾和，湯爾和說：「文科學長如未定，可請陳仲甫君。」聽湯的話，再翻閱《新青年》，蔡元培決意聘陳獨秀。同年春，在蔡元培的支持下，陳獨秀羅致劉半農等人改革北大預科課程，實行白話教學。早在民國五年劉半農就在《新青年》投稿，後更參加編輯部工作，因無學歷，常受奚落，於是在民國九年留學英法，獲巴黎大學文學博士，回國後任北大中國文學系教授，從事語文改革運動。

民國六年一月十九日，魯迅寄給紹興的周作人十本《新青年》（見《魯迅日記》），從此魯迅與《新青年》及陳獨秀發生關係。民國六年八月九日錢玄同拜訪魯迅，為《新青年》約稿。其實這說來有些滑稽，早在十年以前，魯迅就已經在披荆斬棘地提倡文藝運動了，雖然當時還沒有白話文，但思想水平反而要高一點。而錢玄同那時與魯迅一同就學於章太炎，卻正埋首於《說文解字》，要把自己造就成「聲韻訓詁大家」，對文藝運動可說並無熱情。現在，他卻因積極響應陳獨秀的「文學革命」號召而成了《新青年》的積極份子，反而以先行者的姿態來說服眞正的先驅者參加文學運動。但魯迅並不會想到這些，他決定支持他們的改革願望。魯迅後來在《吶喊》自序中回憶說：「這便是最初的一篇『狂人日記』，從此以後，便一發不可收拾。」自此魯迅便與陳獨秀及《新青年》的關係日益密切，約在翌年一月初，他參加了編輯部工作。而在民國六年九月十七日周作人將譯稿〈陀思妥夫斯奇之小說〉交錢玄同，開始向《新青年》投稿。同年二十四日，在北京大學，周作人初識陳獨秀。（見《周作人日記》）。翌年一月周作人加入《新青年》編輯部。周作人的〈陀思妥夫斯基之小說〉譯稿刊於《新青年》第四卷第一期，而魯迅（第一次使用「周樹人」這個筆名）的〈狂人日記〉則刊於《新青年》第四卷第四號，新文化運動的主將均陸續登場。

民國六年四月一日《新青年》第三卷第二號，刊登毛澤東署名「二十八劃生」的〈體育之研究〉一文，是迄今發現的毛澤東第一篇公開發表的文章，也是毛、陳發生聯繫的開始。民國七年九月毛澤東爲聯繫新民學會會員赴法「勤工儉學」之事赴京，由北大教授楊昌濟（後來成爲毛澤東的岳父）介紹給北大圖書館主任李大釗（李大釗於民國六年十一月由章士釗推薦任圖書館主任，當時胡適亦進北大講授「中國哲學史」），毛每天在閱覽室整理報紙，並登記入館者的姓名，職位僅稍高於清潔工，其月薪不過八元，恰爲館長的十五分之一，實在難以餬口，在深感前途無望，短短四個月就求去返鄉。中共後來說李大釗賞識並提攜毛澤東，與事實頗有距離。（見茶陵：〈李大釗與五四運動〉）。而當時只有二十二歲的惲代英在民國六年，便已在《新青年》上發表了幾篇有相當分量的哲學論文。雖然還不懂辯證唯物主義，因而也還不能徹底解決哲學的根本問題，但是已經敢於對西方各哲學流派採取批判態度，並且提出一些深刻有力的批評。

《新青年》在民國十五年七月永久停刊，曾經在《新青年》大聲疾呼或口誅筆伐者，卻都未曾落幕，有得還暴享盛名。陳獨秀跟其他人一樣有過叱咤風雲、光彩耀人的一幕；

但是在他退出歷史舞台，在病榻之上沉思冥想時，卻只有少數知識分子爲之動容，眞是「冠蓋滿京華，斯人獨憔悴」！回首他在擺脫科舉的束縛後，從「選舉妖孽轉變爲康梁思想」，再到革命、暗殺，先後四度東渡日本遊學、避難。民國四年創《青年雜誌》，將矛頭對準傳統文化，他認定「欲圖根本之救亡，所需乎國民性質行爲之改善」，只有「德、賽兩先生」可以救中國。「五四」風暴以後，特別是在他經歷三個月的鐵窗生涯期間，蘇聯發表宣言願廢除一切對華不平等條約，當時舉國歡騰，而馬克思主義的傳播迅猛高漲。片面主觀上的假設，加上浪漫主義的衝動，還有愛國主義的驅策下，使得陳獨秀等人在找到馬列主義這種對時代生產關係、統治形式，以及世界權力支配模式有強烈批判性的意識形態時，確實是既驚又喜的。於是他出獄後即與李大釗相約分別開展建黨活動，並發表長文〈談政治〉（《新青年》第八卷第一號），從此告別「德謨克拉西」。也從此「邁開了一條艱難、漫長、曲折和痛苦的革命道路。建黨、總書記、五卅、北伐、武漢時期、開除黨籍、托派、監獄、出獄、貧病交加死於江津」（李澤厚語）。最後引用蘇曉康先生在〈世紀末的回眸〉一文中對陳獨秀晚年的敍述，來作爲本文的結束，他說：

「然而，這位創始人被他的黨拋棄後，在孤獨中仍堅持『悔改之事確難從命』、『誰有過誰無過還在未定之天』。但也決不同任何政治勢力苟合，謝絕胡適的美國之邀和參加國防參議會，拒絕蔣介石出十萬元經費要他再組一個『新共黨』，叫他當勞動部長也不幹，誓與蔣『不共戴天』，張國燾從延安出走請他出山再建一個『共產黨』，他不予理睬，連譚平山要他組織第三黨，他也一概拒絕。晚年寓居江津，悉心小學研究，雖窘迫寒酸，卻跳出亂烘烘的政治迷霧，比中國共產黨內任何人都要早地窺見了當初引他跳進政治漩渦後的那個蘇聯黨的悲劇：『十月後的蘇聯，明明是獨裁制產生了斯大林……』走了一個大彎子，陳獨秀終於重新回到『德謨克拉西』，而那時的中國人早已忘卻了這位德先生，並注定要到半世紀後吃盡苦頭幡然醒悟之時才會來找它。這究竟是陳獨秀的悲劇，還是中國的悲劇？」當我們翻閱這段歷史，能不掩卷長思!!

（原刊於一九九二年五月三～五日自立早報「台灣島」）

凍滅與燒完

一九三六年十月十九日清晨五時，魯迅悄悄地離開人世。據電影界、文學界、報界的前輩柯靈先生的現場報導，當天下午二時左右，明星影片公司爲了紀念一代文豪的逝世，由歐陽予倩、程步高、姚克先生率領攝影人員到魯迅的寓所拍攝新聞影片。六十年後的今天，柯老依舊如數家珍地向我們述說這件往事，這或許是有關魯迅僅存的紀錄片，不過也是在他死後拍的，至於生前的音容笑貌、言談舉止，恐怕只能從照片和相關文字中去捕捉了。

魯迅的日本友人增田涉在他的〈魯迅的印象〉中，引述曾是魯迅的朋友，後來又變爲情敵的高長虹的回憶說：「我初次同他談話的印象，不但和人們傳說中的魯迅不相同，也不像《吶喊》作者魯迅。」增田涉表示亦有同感，他說：「文章中看到的魯迅和直接對談的魯迅情況不一樣。沒有嚴厲的臉色或說話，常常發出輕鬆的幽默，笑嘻嘻的、胸無城府的人，和他一道相對著，我沒有感到過緊張。在文章中看到的俏皮和挖苦連影子都沒有，倒像個孩子式的天眞的人。」而在魯迅的友人兼研究者馮雪峰的印象中，「魯迅先生對一切好的青年都不自覺地流露著『父愛』的感情的。」受魯迅提攜的青年作家蕭紅的回憶也有類似的印象。而蕭紅在〈回憶魯迅先生〉中，更看到了「魯迅先生的背影是灰黑色的」；增田涉則感受到「這時的魯迅是在月光裡……在月亮一樣明朗，但帶著悲涼的光輝裡，他注視著民族的將來。」這正如我們在《野草》中所看到的魯迅，那個在歷史荒原上發出受傷的狼般悽愴的嗥叫的「過客」，他明知前面沒有路，也要「跨進刺叢裡姑且走走」，都是魯迅靈魂深處的形象。而前後這兩種形象，都同樣具有眞實性，是魯迅思想、性格不同層次、不同側面的顯現，因此你可以感受「橫眉冷對千夫指」的孤憤，也可以細品「俯首甘爲孺子牛」的慈祥。

當然，不同時代、經歷、觀點的人們對魯迅的理解呈現了不同的魯迅形象和魯迅世界，但更主要的因素在於魯迅自身的複雜性，導致人們對他做出多元的解讀。學者汪暉指出魯迅精神結構中充滿了悖論：「他否定了希望，但也否定了絕望；他相信歷史的進步，又相信歷史的『循環』；他獻身於民族的解放，又詛咒這樣的民族的滅亡；他無情地否定了舊生活，又無情地否定了舊生活的批判者——自我……魯迅以他全部的人格承擔了二十世紀中國面臨的無比複雜的問題，他以自身的複雜性證明了中國和世界的當代困境和抉擇的艱難。魯迅的深刻之處在於，他代表了所處時代的理想，卻又表達了對於這樣理想的困惑；換言之，他沒有試圖用簡單化的方式解決他所面臨的一切問題，相反的，面對複雜的世界，他努力使自己變得『複雜』起來：既從世界，也從中國；既從民族，也從個人；既從理論，也從經驗；既從歷史，也從未來……把握這廣闊、深邃、變動的世界。」這或許可說是探索魯迅心靈首先該有的認知吧。

然而，世上知音有幾人？魯迅說過，他不輕易在作品中坦露自己的血肉，他說：「我所說的話，常與所想的不同……不願將自己的思想，傳染給別人。何以不願？因爲我的思想太黑暗，而自己終不能確知是否正確之故。」「怕我未熟的果實偏偏毒死了偏愛我的果實的人。」於是在寫作中，魯迅「刪削些黑暗，裝點些歡容」，將悲觀意識和虛無情緒擠到潛意識的暗區。但是長久的壓抑畢竟太難忍受，於是我們獲得一次幾乎是絕無僅有的機會，得以通過《野草》打開魯迅心靈的奧祕。

魯迅曾明白告訴別人，說他的哲學都包括在《野草》裡面，因此可以說，《野草》是魯迅對自己心靈深處的一次逼視。《野草》寫於一九二四年到一九二六年間的北京，七十年後的夏、秋之交我們來到北京阜成門外西三條胡同的魯迅故居拍攝外景。那是當年魯迅親自設計改建而成的一座小四合院，北屋由外間向北延伸出去一間平頂的灰棚，是魯迅的臥室兼工作室——「老虎尾巴」。這間書屋雖然房頂低矮，形似「斗室」，然因北牆上部全是玻璃窗，既可看見大片碧藍的天空，又可透進充足的光源，因之雖僅方丈，但並不覺得悶促。窗外是個小小的後園，園正中有一口小井，周圍沿著三面牆根，栽植著幾株青楊、花椒、臘梅和碧桃等。再向園外望去，聽說原有兩株鑽天的棗樹，但已被砍去了。《野草》中除了後兩篇和題辭之外，有二十一篇在這裡寫成。當時社會的黑暗、群衆的麻木和青年的消沉、軍閥的暴虐，「四面都是灰土」的氛圍，撞擊在冷酷的現實上的昔日遠大的抱負；加上臨歧徬徨的思想矛盾，和不斷前來糾纏折磨人的病魔，及文人學者造謠中傷的鬼蜮伎倆……這一切彼此交織，使魯迅的情感達到十分地激越、強烈，內心充滿劇烈衝突而到難以平復的狀態。苦悶、焦灼、激憤、哀痛、悲涼、孤獨、憎惡、徬徨、決絕，這些情緒彼此交揉在一起，相互加重和強化，使他覺得在那人生的戰場上，只剩散兵游勇，布不成陣，而他也只能「荷戟獨徬徨」了。

而魯迅對孤獨、寂寞、絕望、反抗、悲劇感等等心理狀態和現實際遇，有著充分的自覺，他不斷地自我深省、自我澄明。他說：「我的確時時解剖別人，然而更多的是更無情面地解剖自己。」又說：「我知道我自己，我解剖自己並不比解剖別人留情面。」因此他對於一切事物和人生都比別人看得深刻尖銳，能從事物的現象看到事物的本質，從事物的表面看到事物的裡層，甚至反面，於是在別人的狂熱中，他感到寒冷和凜冽。他在給許廣平的信中說：「我的作品太黑暗了，因爲我常覺得唯黑暗與虛無乃是實有，卻偏要向這些作絕望的抗戰……。」又在與一位讀者談到《野草》中〈過客〉的主旨時，說：「〈過客〉的意思不過如來信所說那樣，即是雖然明知前路是墳而偏要走，就是反抗絕望，因爲我以爲絕望而反抗者難，比因希望而戰鬥者更勇猛、更悲壯。」魯迅既清醒地正視嚴峻的現實，又不簡單地服從客觀的因果必然律。哪怕寡不敵衆，也要「絕望的抗戰」，分明時處子夜，偏要「與黑暗搗亂」。

魯迅「反抗絕望」的精神，幾乎貫串著《野草》各篇，特別在〈希望〉、〈過客〉、〈死火〉中，表現得更爲明顯。在〈死火〉中，魯迅爲了喚得民衆的覺醒，他自我犧牲哈哈笑著墜入冰谷，爲的是救出他們；但當他發現「庸衆」自己寧願忍受嚴寒，他曾想過，他又何必爲救出他們而向冰車作自殺式的突擊呢？但魯迅畢竟是魯迅，他最後認爲，留在冰谷，「我將凍滅」；走出冰谷，「我將燒完」。與其凍滅，不如燒完。學者王曉明認爲魯迅是「現代中國最苦痛的靈魂」，而苦痛的原因相當複雜，但那種因爲不能容忍現實的黑暗，就迫不及待地想改變現實的衝動，無疑是主因。這種「過於入世」，也是魯迅屢次承認自己太「峻急」了，但它也成就了魯迅獨特的形象。

走筆至此，我們彷彿看到「約莫三、四十歲，狀態困頓倔強，眼光陰沉，黑鬚、亂髮，黑色短衣褲皆破碎，赤足著破鞋」的「過客」，背著因襲的重擔，肩著黑暗的閘門，帶著「反抗絕望」的悲壯形象迎面而來。但當我們定睛一看時，卻見魯迅的身影……。

（原刊於一九九七年八月七日中央副刊）

尋路的人

梁實秋先生在回憶周作人的一篇文章中說道：「我在清華讀書的時候，有一次代表清華文學社進城到八道灣周寓，請他到清華講演。八道灣在西城，是名副其實的一條彎曲小巷。進門去，一個冷冷落落的院子，大半個院子積存著雨水，我想這就是『苦雨齋』命名的由來了。」一九九三年冬，我們曾兩度尋訪八道灣，在偌大的北京城，名叫八道灣的似乎不只一處，彎彎曲曲的胡同，別說是八道灣，甚至九道灣都有。而居民們還煞有介事地跟你講述著魯迅的事跡，當你聽出若干破綻時，那肯定是另一處八道灣了。我們是在第二次尋訪時才眞正找到魯迅與周作人共同居住過的八道灣。殘破雜亂的景象，已看不出當年曾是三進六十三間房的情景，文化大革命後，它已經變成一個大雜院，隨意地破壞搭建更使得它面目全非。雖然魯迅曾在這裡住過幾年，但它並沒有像其他的「魯迅故居」，享有被整修維護、供人瞻仰的特權，因爲更長的時間它是周作人的住所，周作人的「附逆」，連帶使它也蒙塵了。

在北京海淀區芙蓉里的一層公寓裡，我們見到周作人的長子周豐一，他光著頭，戴著高度近視眼鏡，上唇有一小撮髭鬚，十分酷似周作人。窄小的書房，不復有當年的陳設，但同樣仍是窗明几淨，沈尹默先生手書的「苦雨齋」三個字，依舊掛在牆上。喝著茶，聽著周豐一回憶往事，我們也跌入時間之流裡。彷彿又看見周作人坐在書桌前，翻閱《金枝》，吟詠俳句，寫他冷雋的雜文小品。

周作人比魯迅少四歲，早年和其兄魯迅東渡日本留學。他稟賦聰穎，精通日語、英語和古希臘文，中國古籍更是讀得很多。一九一一年回國以後，他也和許多人一樣深惡黑暗的社會現實，在風雷激盪的「五四」時期，他曾一度以反封建的戰士形象出現於新文壇，借助翻譯和闡述的形式，將世界性的人文思潮引入鼎革之際的思想領域。他與魯迅並駕齊驅，被稱爲「周氏兄弟」。但歷史的遞進，卻使得周作人惘然於種種進退的矛盾中，在整個二〇年代，他從「風口」踅回「苦雨齋」，一步一步地退隱到小我之中，歷史在他的筆下顯得如此令人絕望。他說：「巴枯寧說，歷史的唯一用處是教我們不要再這樣，我以為讀史的好處是在能預料又要這樣了；我相信歷史上不曾有過的事中國此後也不會有，將來舞台上所演的還是那幾齣戲……五四運動以來的民氣作用，有些人詫為曠古奇聞，以為國家將興之兆，其實也是古已有之，漢之黨人、宋之太學生、明之東林，前例甚多，照現在情形看去與明季尤相似；門戶傾軋，驕兵悍將，流寇、外敵，其結果——總之不是文藝復興！」

這是周作人的「歷史循環論」，它起源於周作人自身經驗的多重幻滅，它既是對歷史（也就是現實）的抗議與譴責，又是意識到自身面對歷史的悲劇性循環而無可奈何、難有作為的嘆息。但同樣痛感封建歷史的沉重因襲，魯迅是強化「絕望的抗爭」的衝動；周作人卻蒸發出一股消蝕鬥志的冷氣。魯迅是知其不可為而為之，周作人卻是知其不可為就不為。於是我們看到周作人卸下「戰士」的盔甲與桂冠，在「自己的園地」裡作著《雨天的書》、《苦茶隨筆》。他在《雨天的書》的序言中寫道：「我近來作文極慕平淡自然的景地」，雖然「生在中國這個時代，實在難望能夠從容鎮靜地做出平和沖淡的文章來」，他卻仍然期望自己的心境不要再粗糙下去，很懷念那種「田園詩的境界」。周作人的這種心緒，從某種角度卻也成就了他，因爲它曾促使他透過草木蟲魚這些細微瑣事，開拓了更爲精緻的私人視野，並將所謂「閒適」的小品文推向了高峰。

周作人只願坐在樹蔭下閒話人生，他不想演戲，但命運卻安排他，在本世紀政治文化舞台，扮演一個「附逆」的尷尬角色，他成了日本侵略者的幫兇。論者指出，其所以如此者，由於失去儒家制衡的「個人主義」，相當致命地貽誤了他。舒蕪先生說：「他有一篇〈野草的俗名〉，全文是談紹興關於八種花草的土俗名，文章眞是寫得沖淡質素，無一點渣滓，無一絲煙火氣。此文收入《藥味集》，一查文末所署，原來是『二十六年八月七日在北平』，實在令人吃驚，那是什麼日子？那是蘆溝橋事變之後的一個月，日本侵略軍進占北平的前一天，身處危城中的周作人居然還寫得出這樣的文章，實在是太冷靜了、太可怕了，眞是『從血泊裡尋出閒適來』，完全證實了魯迅的關於小擺設能將人心磨得平滑的預言。」這種對國是民瘼的淡漠，在在印證他的「個人主義」。

周作人曾自稱頭腦像一間「雜貨鋪」：「托爾斯泰的無我愛與尼采的超人，共產主義與善種學，耶佛孔老的教訓與科學的例證，我都一樣的喜歡尊重，卻又不能調和統一起來，造成一條可以行的大路。我只將各種思想，凌亂的堆在頭裡……」。斑雜的思想常常使得周作人陷於無法解脫的「困境」中。

周作人說：「我是尋路的人……現在才知道了：在悲哀中掙扎著正是自然之路，這是與一切生物共同的路，不過我們意識著罷了。路的終點是死，我們便掙扎著往那裡去……有的以為是往天國去，正在歌笑；有的以為是下地獄去，正在悲哭；有的醉了、睡了。我們只想緩緩地走著，看沿路景色，聽人家的談論，盡量的享受這些應得的苦和樂；至於路線如何……那有甚麼關係？」其心境到此則已是「人死如燈滅」，一切都「無可無不可」了。

周作人一生，自稱是「壽則多辱」。北京學者張中行老先生針對這四個字說：「紹興周氏弟兄，二弟壽而長，兄不壽。先說壽的二弟，如果寫完五十自壽的打油詩，天不假以年，見了上帝，就不會有其後的出山，戴本不該戴的烏紗帽，住老虎橋監獄，易代後閉門思過，直到大風暴自天而降，受折磨而死。不壽的長兄呢，如果也壽，且不說八年的兵荒馬亂，易代之後會如何呢？那支筆，仍寫自由談嗎？還是學吉甫君，應時作誦呢？總之，會有些問題，我們想不明白。而不壽，則一切問題都灰飛煙滅，剩下的只是功成名就。」因此，假設周作人在八道灣客廳遭暗殺時，設若那銅扣沒有擋住子彈，我們不禁想起白居易的著名詩句，「假使當年身便死，一生眞僞有誰知」！造化弄人，讓尋路的人，臨歧徬徨！

（原刊於一九九七年八月十四日中央副刊）

難以重疊的重疊

郁達夫，一八九六年出生於浙江富陽。那是富春江畔的一個小城，富春江發源安徽，貫流全浙，江形曲折，風景常新，唐朝詩人形容為「一川如畫」。達夫弄一號的故居原本是一棟木頭舊房，因為隔壁豆腐店鍋爐爆炸而倒塌，六〇年代重新蓋好。

一九一一年冬到一九一三年秋，郁達夫曾在故居的小書齋苦讀將近兩年的時光。小書齋實際上是間狹長的朝南斗室，就在故居西樓，屋內原有的舊桌子、舊竹椅、舊書箱，加上郁達夫長媳陸賚澄女士特意翻檢出一盞美孚燈和一盞油盞，映照出當年苦讀的身影。而在堂屋和小院，我們回想——「下著黑色長裙，上穿紅色綢質大襟服的趙家少女，紮一根長長的髮辮，坐在堂屋內的桌邊上，練習毛筆字，桌上有一盞點亮的煤油燈。少年郁達夫屏息斂聲，躡手躡腳地走到她的背後，一口氣吹滅了桌上的那盞燈。月光如水浸滿了小院，在院內的石榴樹下，郁達夫伸出兩隻手，揑住了趙家少女的手臂。兩人相對無言，在月光中沉默著度過了那一刻春宵」，少年郁達夫〈水樣的春愁〉中的初戀身影。

郁達夫宣稱「文學作品，都是作家的自敍傳」，當然這理論有其狹隘性，朱自清就說過：「無論中外，大作品決不是自敍傳，至少決不僅是自敍傳。」但若就郁達夫那種敢於自剖的坦白率眞，卻給時代一種眞正的驚異與震動。郁達夫的小說受到日本「私小說」的影響極深，它是日本獨特的一種文學體裁，產生於明治末年（一八七七年以後），盛行於大正時期（一九一二——一九二六）。日本私小說家久米正雄說：「我最近所說的『自我小說』，……並不是『IchRoman』一語的翻譯，倒是另外可以稱之爲『自敍』小說。總的一句話，就是作者把自己直截了當地暴露出來的小說，大致上就是這個意思。」創造社的作家，幾乎沒有不受「私小說」的影響，而郁達夫是其中最深的。他曾翻譯日本私小說家田山花袋的〈棉被〉（譯爲〈蒲團〉），甚爲讚賞，另外如佐藤春夫、葛西善藏都是郁達夫所鍾愛的「私小說」作家。而郁達夫的〈沉淪〉、〈銀灰色之死〉、〈還鄉記〉等小說，幾乎近似「私小說」，那種深刻的自我分析和喜歡採用獨白式的手法，充滿了性的苦悶、死的誘惑，不管是用第一人稱或第三人稱，都帶有強烈的「自敍傳」性質。

學者趙園指出郁達夫的特殊魅力，不只在於「表現自我」，更在於他實踐自己主張的那種「徹底性」，在於他的驚人的坦白。後來的追隨者，固然可以從他那裡摹仿文字技巧，但總嫌「神情不肖」，因爲他們捕捉不到的是，流露在郁達夫文字間的那種性情的「眞」。我們看〈蔦蘿行〉寫新婚妻子的一筆：「啊！那時候你的憔悴的形容，你的水汪汪的兩眼，神經常在那裡顫動的你的小小的嘴唇，我就是到死也忘不了的。」馬上浮現出一個隱忍、柔順又膽怯的舊式女性。而最後車站送別時，郁達夫寫到「她把頭朝向那面的車窗。好像在那裡探看天氣的樣子，許久不回過頭來」，而「眼上左頰下有一條痕跡在那裡發光」，一組簡單的鏡頭，卻教人打從心底震顫。其他如〈南遷〉中的——「她的悲涼微顫的喉音，在薄暮的海邊的空氣裡悠悠揚揚的浮蕩著，他只覺得一層紫色的薄膜把他的五官都包住了。……她那尾聲悠揚同游絲的哀寂的淸音，與太陽的殘照，都在薄暮的空氣裡消散了。」

郁達夫的主觀抒情，使得他的小說既似散文，又像詩；有些則如幾筆任意揮灑的寫意畫，有些則似電影蒙太奇般的幾個場景的迭加連綴。沒有特定的章法，不見剪裁的痕跡，情節不是精心編織曲折動人，結構不是著意謀畫環環相扣，而是一任自然本色。這是這時期的郁達夫。有人說如果早生兩百年，以他的個性和才情，多半會成爲他所傾慕的清代詩人黃仲則一流的人物吧。

「曾因酒醉鞭名馬，只怕情多累美人」，一九二七年初郁達夫在友人家中初見王映霞，即苦苦追求，他與原配夫人孫荃離異，同年六月與王映霞成親。一九二八年出版《日記九種》，赤裸裸地公開他們的戀情，甚至還有床第之私。這與後來他應聘到福州擔任福建省主席陳儀的公報室主任，與王映霞聚少離多，兩人感情不睦，到懷疑王映霞移情別戀，與浙江教育廳長許紹棣有染，最後發表轟動一時的《毀家詩記》一樣，都難免把自己文學化、公開化，有如私小說家「由自傳式的表現走向所謂演技的追求」，他把自己當作一個角色去處理，儘管是確有其事，郁達夫都不免失於誇張。

一九三八年十二月郁達夫應聘擔任《星洲日報》主編，遠離祖國來到新加坡。在新加坡他扮演的已不是一個小說家的角色，他提攜後進，培養寫作人才，甚至成了一個改革社會、提倡文化的文化人。當我們翻閱其姪女郁風所編的《郁達夫海外文集》一書，讀著那寫於新加坡的兩百餘篇政論、雜文時，我們看到的是一個「萬里投荒」，孤軍奮鬥，沒有任何依靠的筆耕者，在編報之餘還三天一篇社論，兩天一篇雜文，憑著他的愛國主義激情和橫溢的文學家才華，下筆千言，寫下如此感人的政治詩篇。他也從一個被視爲「頹廢派」的詩人，成爲一個抗日的革命戰士，他以生命爲代價，譜寫最後的英雄詩篇！

一九四二年的二月四日，就在新加坡淪陷的前夕，郁達夫在當地文人的協助下，從新加坡的紅燈碼頭乘小船向印尼方向逃亡。當地學者王潤華說，郁達夫從新加坡水域附近一個叫卡里曼（Kariman）的小島，然後再到司拉班藏（Selat Panjang）就上蘇門答臘本島了，之後繼續向西一直逃到武吉丁宜（Boekit Tenggi），最後他是住在巴爺公務（Payakumbuh）和武吉丁宜之間的小鎮，可惜他一去就沒有再回來了……。一九九四年十二月三日我們赴新加坡，輾轉蘇門答臘島之巴東、武吉丁宜、巴爺公務等地，追尋一代文豪在南洋的最後行跡。

而一九四一年到南洋協助胡愈之開展華僑文化活動和統戰工作的王任叔（巴人），在

〈記郁達夫〉一文中，說「我在他家當了一個月的看門人，我似乎更理解了達夫：他有名士的積習、豪紳的橫蠻與孩子的天眞。他不是以理智來管理自己的感情，他是以感情的反應，所謂警覺性，來管理自己的感情。他不是以理性的認識來處理他的生活，他是以生活經驗中得來的感性認識來指導自己的生活。他有時實在像個土豪劣紳，他知道怎麼來制服那些野獸似的憲兵朋友，他裝作很豪奢，爲他們花錢、弄女人、喝酒，而自己則侍候在一邊，力圖抑制去接近酒和女人，他想借金錢的力量，去建立起他們間虛僞的友誼。他又常常依憑日本人的勢力，來對付僑胞，那些過分沒有政治知識的僑胞，他常常用恫嚇去壓迫他們就範。這範圍卻是『中國人要愛護中國人，不許自相爭奪、打鬧和誣告、陷害』。而這些正是華僑商長的專長。他有時不惜偶一利用日本人名義，打擊這一類人。他同樣也依仗日本人權勢，去遏止那些印尼人對中國人不利的行動。」這些都發生在郁達夫化名爲「趙廉」，爲日本憲兵當翻譯時。研究郁達夫的日本學者鈴木正夫參照日本人提供的證言，認爲王任叔的說法無疑地相當接近眞實，我們也從中映現出這時期郁達夫的身影。

鈴木正夫在二十五年前開始有調查郁達夫被害眞相的動機，他原先想對「兇手是日本憲兵」這一成說提出反證，但最後他卻獲得殺害郁達夫的班長下命令的紙片複印件，也找到這位班長，聽他親口說出眞相。一九四五年的八月二十九日那天晚上，日本憲兵押走郁達夫，而且將他勒死。綜觀郁達夫傳奇的一生，突然想到鈴木的幾句話，「郁達夫自傳的第一章是〈悲劇的出生〉，即使這是出自他獨特的自虐趣味，但是和他之死於非命聯想起來，不得不因這奇異的一致而黯然。」瞬間中，我們的腦海浮現出各種不同的郁達夫的身影，互相交錯重疊！

（原刊於一九九七年八月二十一日中央副刊）

問天何必多情

徐志摩在〈我所知道的康橋〉一文中說，「我到英國是爲要從羅素。」是的，他離美赴英，飄洋過海，爲的是尋一個明星。而七十多年後的今天，我們飛行半個地球，千里迢迢，爲的是再訪康橋，探尋詩人的足跡。我們下榻在大英博物館附近的旅店，是百年以上的老建築，名曰「羅素」，打從心底就有一份親切之感。

當徐志摩滿懷興奮踏上英倫，才知道羅素早在一九一六年就給劍橋三一學院除了名，而且當時人也不在英國。於是他只得申請入倫敦大學政治經濟學院跟名教授賴世基（Harold Laski）念博士。政經學院位於倫敦鬧區，英國BBC廣播電台的斜對面，現雖已放暑假，仍可見莘莘學子穿梭其間，一如當年的徐志摩。而就在學校開學不久，徐志摩結識先前到英國講學的林長民和他的掌上明珠林徽音。林徽音當時以優異成績考入St. Mary's College學習，她的冰雪聰明，深深地吸引著徐志摩，令他深陷情網而不可自拔。甚至已註冊的六門功課都很少去上，當註冊處向賴教授查問時，賴氏覆了一短柬，內云：「……我倒是不時見他的，卻與讀書事無關。」（見梁錫華著《徐志摩新傳》）徽音的明艷，點染了志摩的空靈，正如詩中所言：「……使他驚醒，將你的倩影抱緊。」

林徽音的出現，激起了徐志摩的詩情，因爲在這之前他對於詩的興味遠不如相對論或民約論的興味。而同時也導致了徐志摩與元配夫人張幼儀的離婚。徐志摩在給張幼儀信中提議「自由之償還自由」，才能「彼此重見生命之曙光」。在給梁啓超信中說：「我之甘冒世之不韙，竭全力以鬥者，非特求免凶慘之苦痛，實求良心之安頓，求人格之確立，求靈魂之救度耳。」徐志摩爲求「眞生命」、「眞幸福」、「眞戀愛」，與張幼儀硬是離了婚，但早在半年前林長民深感志摩對徽音的熱烈追求，匆匆攜女買棹回中國，因爲他心中屬意徽音有一天能嫁給好友梁啓超之子梁思成。

佳人返國，志摩亦無心向學，於一年後亦返回北京。據梁啓超民國十二年一月七日給女兒令嫻的信得知，林徽音早已答應做梁家媳婦，然而之所以不急著定聘，一則深怕志摩遭受太大的打擊，二則可能對於徐、林兩人是否會舊情復燃而影響梁家聲譽有所顧慮。徐志摩滯留北京的一年中，雖然忙著「新月社」的成立及一些演講，但對於林徽音的感情全無進展，難怪他給英國畫家朋友傅來義（Roger Fry）的信中說自己「不很快樂」，而在民國十四年三月十七日的小曼日記中，陸小曼提到志摩「受到了初戀的痛苦」，就指此事。

一九二四年四月間，印度詩哲泰戈爾應北京講學社之邀來華訪問，講學社由林長民、梁啓超等人發起，因此徐、林二人自然就成爲接待這位嘉賓的「金童玉女」，當時在天壇草坪開歡迎會時，泰戈爾在掌聲中登台演說，由林徽音攙扶，吳詠《天壇史話》記云，「林小姐人豔如花，和老詩人挾臂而行，加上長袍白面，郊寒島瘦的徐志摩，有如蒼松竹梅的一幅三友圖。」當然在這之前，兩人同演「齊德拉」（Chitra），徽音演公主，志摩演愛神，兩人見面時間甚多，志摩心中的一線希望數度地點燃，但徽音似乎若即若離。五月二十三日志摩與泰戈爾等人西往太原，徽音來送行，志摩匆匆提筆，意欲傳達情意，然墨瀋未乾，車已開動，零東爲泰戈爾助手恩厚之所得，內容如下：

我真不知道我要說的是什麼話，我已經好幾次提起筆來想寫，但是每次總是寫不成篇。這兩日我的頭腦只是昏沉沉的，開著眼閉著眼都只見大前晚模糊的淒清的月色，照著我們不願意的車輛，遲遲的向荒野裡退縮。離別！怎麼的能叫人相信？我想著了就要發瘋。這麼多的絲，誰能割得斷？我的眼前又黑了！

黯然銷魂者，唯別而矣！就在不到一個月後，林徽音與梁思成前往美國留學，他們先進綺色佳康乃爾大學，而後再轉賓夕法尼亞大學，徽音還進耶魯大學戲劇學院學習舞台美術設計半年，她在耶魯的同學——漢學家費正清的夫人回憶道：「一個很有才華的建築師和非常有魅力的姑娘。她美貌、活潑、可愛，和任何人在一起總是成爲中心人物」，由此可見徽音才華品貌之出衆，這也難怪我們詩人要爲她神魂顛倒。三十年代初林徽音在「新月詩派」的影響下走上文壇，同時她與丈夫梁思成以現代科學方法去研究古建築學，成果斐然，被視爲中國現代建築學的第一代學者，而在詩歌、小說、散文、戲劇等文藝創作上亦顯露她不同凡響的才華，使她享有「一代才女」的美譽，亦有人稱她為「中國的曼斯斐兒」，當然這又是後話了。

名作家陳之藩說，「徐志摩根本只愛林徽音，根本因失戀而補上陸小曼，陸小曼發現此情後，自然也不會愛他，悲劇鑄成矣。」民國十五年徐志摩終於與陸小曼結婚，陸小曼在一個多月前與王賡（受慶）離異，婚禮由梁啓超證婚、胡適當介紹人，在十月四日梁啓超給思成、徽音他們的信中說，「我昨天做了一件極不願意做之事，去替徐志摩證婚。他的新婦是王受慶夫人，與志摩戀愛上，才和受慶離婚，實在是不道德之極。我屢次告誡志摩而無效，胡適之、張彭春苦苦為他說情，到底以姑息志摩之故，卒徇其請。我在禮堂演說一篇訓詞，大大教訓一番，新人及滿堂賓客無不失色，此恐是中外古今所未聞之婚禮矣。……」對於老師的勃然大怒，論者以為志摩先前追過任公的未過門媳婦，如今又導致也同是他的學生王賡與陸小曼的離異，當然任公並非唯一的存心，但不能否認他有此存心；而相對於胡適之贊成「自由戀愛」，更可見出胡適與曹珮聲的婚外情，因為在徐、陸熱戀前，胡、曹已先展開了，這可見志摩〈西湖記〉的記載，「午後為適之拉去滄州別墅閒談，看他的烟霞雜詩，問尙有匿而不宣者否，適之赧然曰有，然未敢宣，以有所顧忌。」又記載，「與適之談，無所不至，談書談詩談友情談愛談戀談人生談此談彼，不覺夜之漸短。適之是轉老回童的了，可善！凡適之詩前有序後有跋者，皆可疑，皆將來本傳索隱資料。」胡適與梁啓超對於徐、陸之婚，一贊成一反對，看來似乎各有所本了。

徐、陸的婚姻，並沒有想像中的美滿，小曼的耽於逸樂，志摩爲稻粱謀而南北奔波，小曼和伶人翁瑞午的不尋常關係，更造成志摩內心無比的痛苦，有人曾勸志摩與小曼離異，但小曼是他自選自求的對象，他只能默默地忍受，而最終更弄到父母之愛、夫妻之情、朋友之誼，都一一如春花萎謝，「幻滅」兩字，成了他追尋這段愛情的最後注脚，也難怪有人會慨嘆志摩沒追上徽音，才導致如此悲劇。

一九三一年冬詩人搭機撞山身亡，次年夏，徽音寫了「別丟掉」一詩，有人認爲是紀念她和志摩的一段戀情。詩云：

「別丟掉／這一把過往的熱情，／現在流水似的，／輕輕／在幽冷的山泉底，／在黑夜，在松林，歎息似的渺茫，你仍要保存著那真！／一樣是月明，一樣是隔山燈火，／滿天的星，只有人不見，夢似的掛起，／你問黑夜要回那一句話——／你仍得相信，山谷中留著有那回音！」

仲夏七月在倫敦、劍橋捕捉徐志摩當年浪漫的身影，清晨推開旅店的窗戶，公園的青葱樹影，躍入眼簾，面對桌上成堆的資料，翻索中，突然湧現「問天何必多情」的句子，記的是徐、林之情：「往事已蒼老，拂不去的卻是妳嫣然一笑；／多情應笑我，無端還要持杯勸雲且留住。／忘卻吧，忘卻吧！／忘卻我倆該忘卻的。／就讓往事隨風飄，／就讓上天悔多情。」不像新詩，有點像歌詞。

（原刊於一九九五年八月二十七日聯合副刊）

背影已遠

一九四八年八月十二日中午十一時四十分，朱自清去世了，享年五十一歲。消息傳出，震驚了清華園，震驚了北平，震驚了全國。平津各報以最快的速度向社會發布了這一消息，清華園第一次爲該校一位教授的去世降了半旗。北大教授許德珩對老同學朱自清的一生作了高度評價「教書三十年，一面教，一面學，向時代學，向青年學，生能如斯，君誠健者；生存五十載，愈艱苦，愈奮鬥，與醜惡鬥，與暴力鬥，死而後已，我哭斯人。」一時間全國各地的報刊雜誌紛紛闢出紀念專刊，刊登紀念文章，向這位狷介正直的讀書人，令人景仰的老師，獻上心香一瓣。而小學生們從報紙上得知噩耗，也愴惶悲戚，轉相泣告說：「背影死了，背影死了！」。

「我與父親不相見已是二年餘了，我最不能忘記的是他的背影。」朱自清以樸實的筆調細緻地敍寫那次和父親別離的情景，透過父親的一言一行，傳達出他對兒子的無限憐惜、關懷及依依難捨的深情。到最後朱自清寫到：「唉！我不知何時再能與他相見！」平淡的一語，卻蘊藏著他對年邁父親的孺慕之思。二十二年後，當《文藝知識》編者訪問他時，他說：「我寫這篇文章只寫實，似乎說不到意境上去。」但他的好友，也是名作家李廣田卻這麼認爲：「〈背影〉一篇，寥寥數十行，不過千五百言，它之所以能歷久傳誦而有感人至深的力量者，只是憑了他的老實，憑了其中所表達的眞情。這種從表面上看起來簡單樸素，而實際上卻能發出極大的感動力的文章，最可以作爲朱先生的代表作品，因爲這樣的作品，正好代表了作者之爲人。由於這篇短文被選爲中學國文教材，在中學生心中『朱自清』這三個字已經和〈背影〉成爲不可分的一體。」

學者陳國球說：「我想『朱自清』是香港中學語文課本中一個重要的符碼。這個名字不單止是白話文學典範的象徵，更連年累月的發揮符義功能（Signification），潛移默化地模塑了在學的青少年對世界的認識。」是的，同樣在臺灣，一般中學生都讀過〈背影〉、〈匆匆〉、〈荷塘月色〉、〈蹤跡〉等作品。而由於三〇年代的作家，極大部分未能渡海來臺，因此被列爲「附匪作家」，朱自清、徐志摩、郁達夫由於他們的早逝（在一九四九年之前），成爲當年我們在大學上「現代文學」課程，能談論的主要、也幾乎是唯一的三位三〇年代的作家，也因此較之香港，朱自清等人與我們有更深的情感！

陳國球又指出朱自清散文的基調是陰柔（feminine）的，他說：〈背影〉固然是滿紙的淚光；〈荷塘月色〉中的荷葉「像亭亭的舞女的裙」，荷花「有裊娜地開著，有羞澀地打著朵兒的」；正如粒粒的明珠，又如碧天裡的星星，又如剛出浴的美人」；〈月朦朧，鳥朦朧，簾捲海棠紅〉中的圓月「柔軟與和平，如一張睡美人的臉」，海棠花枝「欹斜而騰挪，如少女的一隻臂膊」；這些軟綿綿的話兒，如果不是「宮體」，起碼是「花間」。是的，朱自清前期的散文，確是柔情似水、萬般纏綿——篇中經常流露出「意戀」的情緒，尤其是當他在獨處的時候，或是面對「月色」、「綠水」、「花朵」、「春色」時，他總是不自覺地把這些景物擬人化，而且是用美女來比喻的。像「舞女的裙」、「出浴的美人」、「少婦拖著的裙幅」、「初戀的處女的心」、「凝妝的少婦」等等，不一而足，而在〈綠〉這篇文章中，更有一段對「綠」的狂戀的描寫：「我捨不得你；我怎捨得你呢？我用手拍著你、撫摩著你，如同一個十二、三歲的小姑娘。我又掏你入口，便是吻著她了。我送你一個名字，我從此叫你『女兒綠』好麼？」是赤裸裸地表現他的「意戀」情結。而這情結使得朱自清在女性面前不能坦蕩蕩，有時甚至不能自制，這在他的〈槳聲燈影的秦淮河〉一文中，即可明顯地看出；朱自清畢竟不同於兪平伯，尤其當他們面對秦淮歌妓的時候。學者范培松指出，朱自清有強烈的性渴望，但在傳統的束縛下，尤其是自己家庭破敗原因直接和女人有關，因此傳統道德所製造的框框和他本人設置的種種障礙，又小心翼翼地把這種性渴望封閉在自我天地之中，形成「意戀」，成爲他心中的一個「鬼」，從而常常要跳出來作祟，洵爲知言。當然朱自清又有別於郁達夫，郁達夫對「意戀」的表現已顯得狂躁了，朱自清則把它化成爲散文中的陰柔情致，結合他儒雅的氣度，形成朱自清「美文」的一種特有的光彩！

在現代文化史上，朱自清不僅以詩人、散文家著稱於世，而且是一位很有成就的學者。朱自清原本是學哲學的，而對文學有興趣，後來索性丟掉哲學，走上文學道路。但狷介的個性不容他與反革命勢力同流，於是他斷然選擇了國學（古典文學）這條路。他說「國學比文學更遠於現實；擔心著政治風的襲來，這是個更安全的逃避所。」並宣稱：「國學是我的職業，文學是我的娛樂。」於是他開始研究古典文學，成爲著名的學者。他兀兀經年地整理傳統文化遺產，即便在烽火遍地、關河行脚的艱難歲月中，他仍然把生命投到搜集、考辨、闡釋、述要等一般人認爲的「笨功夫」上去。當我們讀他所寫的《詩言志辨》、《經典常談》、《十四家詩鈔》等著作時，我們彷彿憑著他的肩頭去照遠灼微。雖然他還不具大學問家的氣概，但由於他努力鑽研的成果，卻給後學者以把臂入林的方便。

在五十年的生命中，朱自清有三十年花在教書上，「敎鞭畫筆爲餬口，能值幾錢世上名」，但朱自清卻本著認眞的態度去作育英才。我們據他的學生、已退休的清華大學中文系系主任季鎭淮先生的回憶說：一九三九年朱自淸在西南聯大講「宋詩」，爲使學生了解一字一句的意義，「先生逐句講解，根究用詞、用事的來歷，並隨處指點在風格上宋詩與唐詩的不同。也常令學生先講解，而後先生再講。因此，在上課之前，學生莫敢不自行預習準備。」一九四二年他又開了「文辭研究」一門新課，聽課學生只有季先生及王瑤先生兩人，但朱自清仍然認眞地「在黑板上一條一條地抄材料，抄過了再講，講過了又抄，一絲不苟，好像對著許多學生講課一樣。」課講完後，又分別對兩位學生進行考試。作爲一名教師，他的確不僅傳授了知識，而且用自己的人格爲學生樹立了風範。魯迅在懷念他的老師藤野先生時，曾說「在我所認爲我師之中，他最使我感激、最給我鼓勵的一個。有時我常常想，他的對於我的熱心的希望、不倦的教誨，小而言之，是爲中國，……大而言之，是爲學術。」朱自清帶給他的學生，應該也會有此懷想的！

在過去的中文系課程裡，新文學和民間歌謠是不登大雅之堂的，但朱自清卻首開這兩門課，尤其是「新文學研究」這門課，他的學生吳組緗回憶說：「給我印象較深的是『新文學研究』。發的講義有大綱，有參考書目，厚厚的一大疊。」而後來主編「朱自清全集」的浦江清教授則說：「在當時保守的中國文學系課程表上，很顯得突出而新鮮，引起了學生濃厚的興味。」朱自清以一個新文學的作者，而從事新文學史的整理與研究，是有其開創的功勞，後來他的學生王瑤先生有「中國新文學史稿」的著作，在相當程度上都受朱自清的啓發。

朱自清這麼描述他的父親——「穿過鐵道，再爬上那邊月台，就不容易了。他用兩手攀著上面，兩脚再向上縮；他肥胖的身子向左微傾，顯出努力的樣子。這時我看見他的背影，我的淚很快地流下來了。我趕緊拭乾了淚，怕他看見，也怕別人看見。我再向外看時，他已抱了朱紅的橘子往回走了。」我們難以忘懷那背影！但此時我們突然想起，朱自清的長詩〈毀滅〉中的一段內心獨白：

「像有些什麼／又像沒有——憑這樣不可捉摸的神氣／真夠教我嚮往了。／但一切都太渺茫、太難把握，召喚和追迫都不如自己的選擇——纖弱的琴弦奏不出偉大的聲音，還不如撥煙塵而見自己的國土！……擺脫掉糾纏／還原了一個平平常常的我！……我要一步步踏在泥土上，／打上深深的脚印！雖然這些印跡是極微細的，／且必將磨滅的，／雖然這遲遲的行步／不稱那迢迢無盡的程途，／但現在平常而渺小的我，／只看到一個個分明的脚步，／便有十分欣悅——／那些遠遠遠的／是再不能，也不想理會的了。」

當許多躁動的聲音終於被歷史歲月所磨洗，風流總被雨打風吹去時，這個聲音卻依然在委曲低迴！雖然一向「吶吶向人鋒斂芒」的朱自清的背影，正在這功利社會中逐漸地遠去！

（原刊於一九九七年九月四日中央副刊）

秦淮河的槳聲燈影

似乎從「夜泊秦淮近酒家」的杜牧開始，中國文人對於這條漲膩的棄脂水，都懷有一股柔情。尤其在明末亂世，秦淮河上有說不盡的繁華風流，舊院名妓，個個色藝雙絕，意氣風發的王孫公子，腰纏萬貫，當時的流風是「嫖妓不忘憂國，憂國不礙宿娼」，於是明朝亡了，名士皆埋骨青山，美人亦棲身黃土，我們似乎只能從《板橋雜記》和《桃花扇》遙想當年的鬢香釵影、紅巾翠袖。

「秦淮燈船之盛，天下所無，兩岸河房，雕欄畫檻，倚窗絲障，十里珠帘。客稱既醉，主曰未歸。游楫往來，指目曰某名姬在某河房，以得魁首者爲勝。薄暮須臾，燈船畢集。火龍蜿蜒，光耀天地。揚槌擊鼓，蹋頓波心。自聚寶門水關至通濟門水關，喧闐達旦。桃葉渡口，爭渡者喧聲不絕。」《板橋雜記》記載著當時的盛況，又云：「舊院人稱曲中，前門對武定橋，後門在鈔庫街。妓家鱗次，比屋而居，屋宇精潔，花木蕭疏，迥非塵境。」「舊院與貢院遙對，僅隔一河。」又：「長板橋在院牆外數十步，曠遠芊綿，水煙凝碧，回光鷲峰雨寺夾之；中山東花園亘其前，秦淮朱雀桁繞其後。」據今人施康強之推斷，「舊院的位置應在今白鷺洲公園（中山東花園原址）以北大、小石壩街一帶，與貢院隔河相望。今天的鈔庫街以文德橋南塊爲界，與大石壩街對口，武定橋則在鈔庫街的另外一端。大石壩街想是後來才有的街名。總之，當年那個『紅燈區』的範圍是相當大的。」

一九二三年八月的一個晚上，朱自清和俞平伯「在茶店裡吃了一盤豆腐乾絲、兩個燒餅之後，以歪歪的脚步踅上夫子廟前停泊著的畫舫」，同遊秦淮河，兩人並相約各作了一篇〈槳聲燈影裡的秦淮河〉，發表在次年一月出版的《東方雜誌》第二十一卷第二號上，這兩篇文章在現代散文史上已成爲名篇，其藝術成就，前人已多所論述，但似可從作品反推敍述者性格上的差異。對於秦淮河，俞平伯是初泛，朱自清則是重遊。俞文中的敍述者是帶有一定程度醉意的遊客，那種醉意恰到好處，說醉又略有一點理智，說醒又有幾分「酣嬉」，似醉非醉、似狂未狂，似盡意又猶未隨。通篇都浸在一種「怪陌生、怪異樣的朦朧之中」，「輕暈著的」「離合的神光之下」。槳聲燈影的秦淮河，處處閃動著誘惑。要看：夕陽，河上妝成一抹胭脂的薄媚，就不能不使敍述者想到清溪的姐妹們臉上的殘脂。要聽：「淒厲而繁的弦索，顫岔而澀的歌喉」，及笑語聲、竹牌響，就不能不使敍述者「怦怦而內熱」，「感到火樣的溫煦了」。要呼吸：「茉莉的香，白蘭花的香，脂粉的香，紗衣裳的香」，就不能不使敍述者迷上秦淮河姑娘們的靚妝。敍述者的微醺使他體驗到秦淮河上所飄蕩的一種特殊的柔膩、香甜的誘惑，但也僅此而已。雖「自認有欲的微笑」，但歌女們的艇子來時又止不住羞澀地躲開了，甚至在被糾纏時不惜以無禮強硬做慌亂的拒絕。當他們眼看著歌女們的艇子「一個個地去遠了，呆呆的蹲踞著，怪無聊賴似的」，一種空空的惆悵，不足之憾油然而生。這是對有著「圓足的醉，圓足的戀，圓足的頹弛」的秦淮河的讚美，也是對不敢「圓足的醉，圓足的戀，圓足的頹弛」的自己的一點戲謔。

相對於俞平伯的寫情的投入，朱自清卻有著截然不同的表達方式，朱文的敍述者是個清醒、冷靜的局外人，他甚至不是遊客而是觀察者、欣賞者。他精細地觀察著秦淮河的景致，船裡的陳設。他能夠比較出隨天色的變化而引起的水色的不同：「由碧陰陰的轉而沉沉了」，「黯淡的水光像夢一般，那偶然閃爍的光芒就是夢的眼睛了」。他能夠描摹出船上窗格雕鏤的精細，甚至桌上鑲嵌的大理石面，裡面陳設的字畫，紅木家具都一一寫到。至於在河上遇到歌妓招攬生意，朱自清更以極大篇幅，一本正經討論起自己錯綜複雜的矛盾心理。他分析自己之所以拒絕歌女，是因爲受著道德律的壓迫，而自己心理也十分明白：「我的思力能拆穿道德律的西洋鏡，而我的感情卻終於被它壓服著」。「我雖然一面憧憬、盼望直到有如飢渴地固執著地盼望著」貼耳的妙音，但一面卻「感到了兩重的禁制：一、在通俗的意義上，接近妓者總算一種不正當的行爲；二、妓是一種不健全的職業，我們對於她們，應有哀矜勿喜之心，不應賞玩的去聽她們的歌。」相對於俞平伯的「推及的同情心」，朱自清的「道德律」似乎來得太嚴重了，也因此在歌妓的七板子離去後，朱自清感覺到俞平伯還怡然自若，而他卻不能，他說：「這裡平伯又比我高了」。而對於此事余光中先生曾揶揄地寫道：「其實古典文人面對此情此景當可從容應付，不學李白『載妓學波任去留』，也可效白居易之既賞琵琶，復哀舊妓，既反映社會，復感嘆人生。若是新派作家，就更放得下，要麼就坦然點唱，要麼就一笑而去，也何至手足無措，進退失據？」

朱自清在歌妓前經歷「窘」——「慌」——「不好意思」——「拒絕」等階段，學者范培松針對此提出「意戀」情結，他認爲「意戀」是一個人（尤其青年階層）在成長發展過程中，本能的性意識受到箝制和壓抑所造成的。它實質上是一種精神壓抑。這種壓抑是一種「自我」有意識的克制，也是一種自我防衛活動。這種壓抑的結果，或許還不能影響他的家庭或夫妻生活，或許在他的現實表現中也找不到明顯的端倪，但由於精神上的阻抑，達不到目的，只有歪向旁道。在平時可能它以潛意識的形式，深藏在內心深處，但一有機會，它就以別的形式表現出來。例如一九二六年的〈阿河〉，對於已婚少婦阿河的暗戀，有如下的描寫：「……她的腰真太軟了，用白水的說，真是軟到使我如吃蘇州的牛皮糖一樣。不止她的腰，我的日記是說得好：『她有一套和雲霞比美，水月爭靈的曲線，尤其甜蜜可人』。她兩頰是白中透著微紅，潤澤如玉。她的皮膚，嫩得可以掐出水來；我的日記裡說：『我想去掐她一下呀！』她的眼像一隻小燕子，老是在灩灩的春水上打著圈兒。她的笑最使我記住，像一朵花漂浮在我的腦海裡。我不是說過，她的小圓臉像正開的桃花麼？那麼，她微笑的時候，便是盛開的時候了：花房裡充滿了的蜜，真如要流出來的樣子。她的髮不甚厚，但黑而有光，柔軟而滑，如純絲一般。只可惜我不曾聞著一些兒香。唉！從前我在窗前看她好多次，所得的真太少了；若不是昨晚一見——雖只幾分鐘——我真太對不起這樣一個人兒了。」從此似可窺探朱自清眞實內心世界的側面。

朱自清從小受到傳統士大夫的教育，家道中落部分原因是由於父親討姨太太，因之朱自清常以此要求自己，並告誡弟弟，除妻子外，不要親近其他女性，更不可娶妾。而他的婚姻亦由母親一手包辦，兩人相敬如賓，當武仲謙過世之後，朱自清還深深眷戀著她，這在〈給亡婦〉一文中我們可以得知。一九三一年經葉公超之介紹，他認識了陳竹隱，陳竹隱是他接觸的第二位女性，但談戀愛卻是頭一遭，我們看朱自清一九三一年十月三十一日的日記，那是他和陳竹隱訂婚後，至歐洲考察，兩地分隔的景況，「上午念及隱信，心殊不安；終日心中皆似不能放下。自問已過中年，綺思雖尚未能免，應無顛倒不能立足跟之事，而神經過敏如此，無學問復無涵養，所以自存者果何在耶？」頂眞謹歛的個性，使得他對感情問題看得非常重，他無法忍受對方哪怕一丁點兒的漫不經心或者疏忽。這種情形在他們婚後情況依然如此，我們再看他一九三三年一月二十八日的日記，「……我是計較的人，當時與隱結婚，盼其能爲終生不離之伴侶；因我既要女人，而又不能浪漫及新寫實，故取此舊路；若隱興味不能集中，老實說，我何苦來？……但我們皆是三十左右的人，各人性情改變不易，暫時隱忍，若能彼此遷就，自然好極，萬一不能，結果也許是悲劇的，自問平素對事尙冷靜，但隱不知如何耳。說起來隱的情形，我一向似乎並未看清楚，可是不覺得如此，現在卻覺得了解太少；一向總以自己打比方來想像她的反應；現在漸覺不然，此或許是四川人與江浙人不同處。……每遇隱有欲離我之意，余即做種種夢，夢到將來種種惡果，到平以來，連此已第三次或第四次。此種幻想，足以擾亂神經，予心中感情，可以gloomy一字表之。出洋前時有此感，出洋後漸好；結婚後亦無此感，至最近萌孽復生，彷彿亡妻病篤時或妊娠時光景。嗟！我近來極反對『生的悶篤兒』，但因隱事，『生的悶篤兒』的厲害；我沒有全告訴隱，我不能全告訴她，——也許未到時候？——但我自己因此更受苦。處此情形，我總覺得要哭出來。但眞哭出來，是補寫今天日記的時候，就是寫上一段末句的時候。今日上車時，看見別人皆是一對一對的。人都問我太太，心中非常gloomy，此層當令隱知之。」這是十年後朱自清在傳統道德與自我設限的情況下，內心眞實的潛意識的告白，這兩個「鬼」是經常在他內心打架的，因之在〈槳聲燈影裡的秦淮河〉中對女性的窘態，就不足爲奇了。

陳竹隱在追憶朱自清的文章說到，婚後他們出遊，朱自清生動地介紹湖山風景時，看著他高昂的興致，竹隱不禁笑著說：「我看過一篇叫〈槳聲燈影裡的秦淮河〉的文章，把那兒寫得那麼美，其實不過是一灣臭水。眞是文人哪，死人都說得活！」朱自清回答道：「喂！不要當面罵人呀！」兩人都開心地笑了。一九九四年十一月初，我們來到秦淮河，眞個兒只剩一灣臭水看不到「槳聲燈影」！朱雀橋、烏衣巷自然難尋昔日光景，當然也看不見什麼「堂前燕」！今日在秦淮河畔摩肩擦踵地走著的，只是「尋常百姓」，過去如此，今後也仍將如此。

（原刊於一九九六年二月十三日聯合副刊）

燕歸來

記得十七年前有部好萊塢影片名爲"Somewhere in Time"，在此地的譯名爲《似曾相識》，在香港的譯名爲《時光倒流七十年》，一部穿越時空，十分浪漫迷人的愛情影片。一九九五年仲夏七月爲尋找老舍在倫敦的行跡，二度來到英國，此距一九二四年秋，風塵僕僕的老舍到達倫敦大學東方學院任華語教員，相隔恰爲七十年，睹景思人，心中眞企盼時光能倒回。

根據舒悅譯注的老舍在倫敦的英文信件得知，老舍一九二二年在北京缸瓦市教堂和英國倫敦會傳教士埃文斯(Robert Kenneth Evans)認識，埃文斯當時在燕京大學任教，次年老舍並在燕大跟埃文斯學過英文，老舍到東方學院任教，很大程度上是通過倫敦會的渠道，而促成此事，埃文斯扮演相當重要的角色。

老舍到倫敦後，東方學院對他的教學工作很快作了安排，一九二四年九月十六日（到倫敦的第三天）院長就寫信給老舍，從信中我們得知他每週有二十小時的課，而年薪卻只有兩百五十鎊（後三年經老舍要求，增加爲三百鎊）。當時一般學生的生活費用，每年至少就要三百鎊了，老舍的收入，還要寄回北京給母親生活用，因此他必須節衣縮食。據他的好友寧恩承回憶說：當時的老舍，「一套嗶嘰青色洋服冬夏長年不替，屁股磨得發亮，兩袖頭發光，胳膊肘上更亮閃閃的，四季無論寒暑只此一套，並無夾帶。」公寓低劣的飯菜吃壞了他的胃，爲了治好胃疾，他只能到物美價廉的中國餐館，喝一先令一碗的湯麵。有一次給老母多寄了一點錢，自己的生活費就不夠了，只好由朋友代墊兩週的房錢。清苦的生活，卻締造他輝煌的成就；誠如作家本人所說，如果沒有五年的倫敦生活，或許就沒有作家老舍。

老舍說：「二十七歲，我到英國去。設若我始終在國內，我不會成了個小說家——雖然是第一百二十等的小說家。到了英國，我就拚命地唸小說，拿它作學習英文的課本。

唸了一些，我的手癢癢了。離開家鄉自然時常想家，也自然想起過去幾年的生活經驗，為什麼不寫寫呢？怎樣寫，一點也不知道，反正晚上有功夫，就寫吧，想起什麼就寫什麼，這便是《老張的哲學》。文字呢，還沒有脫開舊文藝的拘束。這樣，在故事上沒有完整的設計，在文字上沒有新的建樹，亂七八糟便是《老張的哲學》。抓住一件有趣的事便拚命地擠它，直到討厭了為止，是處女作的通病，《老張的哲學》便是這樣的一個病鬼。現在一想到就要臉紅。」儘管「臉紅」，但老舍還是把《老張的哲學》肯定為他創作的起點。老舍說：「寫成此書，大概費了一年的工夫。……寫的時候是用三個便士一本的作文簿，鋼筆橫書，寫得不甚整齊。」「寫完了，許地山兄來到倫敦，一塊兒談得沒有什麼好題目了，我就掏出小本給他念兩段。他沒給我什麼批評，只顧了笑。後來，他說寄到國內去吧。……於是馬馬虎虎就寄給了鄭西諦兄——並沒掛號，就那麼捲了一捲扔在郵局。兩三個月後，《小說月報》居然把它登載出來，我到中國飯館吃了頓『雜碎』，作為犒賞三軍。」《老張的哲學》是在一九二六年七月十日的《小說月報》第十七卷七號開始連載，署名舒慶春，（自第八號起，首次使用筆名「老舍」）至十七卷十二號續完。

《老張》之後，老舍又完成了《趙子曰》。到了一九二九年春，在結束回國前幾個月，老舍趕緊把第三部長篇小說《二馬》完成。「《二馬》是在英國的末一年寫的。因爲已讀過許多小說了，所以這本書的結構與描寫長進了些，文字上也有了進步：不再借助於文言，而想完全用白話寫。它的缺點是：第一、沒有寫完便收束了，因爲在離開英國以前必須交卷：本來是要寫到二十萬字的。第二、立意太淺，寫它的動機是在比較中英兩國國民性的不同；這至多不過是種報告，能夠有趣，可很難偉大。再說呢，書中的人差不多都是中等階級的，也嫌狹窄一點。」由此可知老舍受到英法近代小說的影響頗大，他又說：「英國的威爾斯、康拉德、美瑞狄茨和法國的福祿貝爾（即福樓拜）與莫泊桑，都拿去了我很多時間。」在衆多西方小說家中，狄更斯現實主義的作品，先啓發老舍的小說寫作，而從《二馬》開始，康拉德的熱帶小說似乎迷住了老舍。「心理分析與描寫工細是當代文藝的特色，讀了它們，不會不使我感到自己的粗劣，我開始決定往『細』裡寫。《二馬》在一開首便把故事最後的一幕提出來，就是這『求細』的證明：先有了結局，自然是對故事的全盤設計已有了個大概，不能再信口開河。可是這還不十分正確，我不僅打算細寫，而且要非常的細，要像康拉德那樣把故事看成一個球，從任何地方起始它總會滾動的。」學者王潤華在〈老舍的康拉德情結考〉和〈從康拉德的熱帶叢林到老舍的北平社會：論老舍小說人物「被環境鎖住不得不墮落」的主題結構〉兩篇論文中，曾用人物「被環境鎖住不得不墮落」的結構來分析老舍小說的基本架構，結果發現，康拉德小說中的熱帶叢林，被老舍用貧窮古老的北京城取代，而康拉德與老舍兩人小說中的人物，都「被環境鎖住不得不墮落」。當然這又是後話。

「倫敦的霧眞有意思，光說顏色吧，就能同時有幾種。有的地方是淺灰的，在幾丈之內還能看見東西：有的地方是深灰的，白天和夜裡半點分別也沒有：有的地方是灰黃的，好像是倫敦全城全燒著冒黃煙的濕木頭：有的地方是紅黃的，霧要到了紅黃的程度，人們是不用打算看見東西了。這種紅黃色是站在屋裡，隔著玻璃看，才能看出來。若是在霧裡走，你的面前是深灰的，抬起頭來，找有燈光的地方看，才能看出微微的黃色。這種霧不是一片一片的，是整個的，除了你自己的身體，其餘全是霧。你走，霧也隨著走。什麼也看不見，誰也看不見你，你自己也不知道在那兒呢。只有極強的汽燈在空中漂著一點亮兒，只有你自己覺得嘴前面呼著點熱氣兒，其餘的全在一種猜測疑惑的狀態裡。大汽車慢慢的一步一步的爬，只叫你聽見喇叭的聲兒；若是連喇叭也聽不見了，你要害怕了：世界已經叫霧給悶死了吧！你覺出來你的左右前後似乎全有東西，只是你不敢放膽往左、往右、往前、往後動一動。你前面的東西也許是個馬，也許是個車，也許是棵樹；除你的手摸著它，你是不會知道的。」這是老舍在《二馬》中對倫敦苦霧的描寫，當然揮之不去的更是他心中層層的迷霧！

一九九四年一月寒冬，我們首次來到倫敦，雖然沒有霧，但陰冷灰暗的天候，一如老舍的描寫。尤其在薄暮時分，雖然五點鐘還不到，但層層暮靄飄了過來，吞沒了周遭的一切。我們頂著寒風細雨尋找《二馬》中的倫敦景物，在書中出現近四十個地名，其中有街道、大院、車站、碼頭、展覽館、教堂、公園、河流等，大部分都是禁得起核對的。而匆忙中找錯了老舍居住了三年的聖詹姆斯廣場（St. James's Square）三十一號，卻一直是我們此行的遺憾。

一九九五年仲夏七月，對於倫敦，我們眞個兒成了「似曾相識燕歸來」的候鳥，爲的是再度找尋七十年前主人留下的舊巢。不同於中國人的易於拆建，英國人對於舊建築似乎更寵愛有加，因此老舍的聖詹姆斯廣場三十一號，當然是景物依舊，只是因爲在南部格林公園和聖詹姆斯公園附近亦有聖詹姆斯廣場，所以在二十年前左右改名爲聖詹姆斯園(St. James's Garden)。在大院北側正對小教堂的地方,很容易就可找到三十一號,此地整排房子均是地下一層、地上三層的樓房，我們無法得知老舍當年是住那一層。聖詹姆斯廣場雖不是老舍在倫敦的唯一住處，但卻是他創作生涯的重要地點，《老張的哲學》、《趙子曰》都是在這裡完成，第三部小說《二馬》也是在此動筆的。另外他還在這兒協助室友克萊門埃傑頓（Clement Egerton）翻譯《金瓶梅》。雖然老舍在生前從未提及此事,但當《金瓶梅》英譯本（The Golden Lotus）出版時,埃傑頓特別在扉頁寫上:「獻給我的朋友舒慶春！」並在〈譯者說明〉中表明:「在我開始翻譯時，舒慶春先生是東方學院的華語講師，沒有他不懈而慷慨的幫助，我永遠也不敢進行這項工作。我將永遠感謝他。」埃傑頓的譯本在西方是最早最全的譯本，雖然在這之前有德文譯本，但只是節譯，埃傑頓以他優美的譯筆在歐美文壇廣受矚目。曾經以《殺戮戰場》、《教會》

等片聞名的英籍名導演羅蘭約菲（Roland Jeffé）在五年前首次來華訪問時，曾盛讚《金瓶梅》一書的偉大，當然他是透過埃傑頓的譯本，但如同許多西方人士一樣，他們並不知當年的舒慶春，後來卻成爲中國偉大的作家老舍！

（原刊於一九九七年九月十一日中央副刊）

老舍・北京・駱駝祥子

在早年的現代文學名家排行榜，有所謂「魯、郭、茅；巴、老、曹」的排序，當然這其中有太多的意識型態。近年諸多學者則認爲魯迅、沈從文、老舍、曹禺、張愛玲是衆多現代文學名家中的翹楚。

老舍原名舒慶春，一八九九年生於北京。父親是一名滿族的護軍，陣亡在八國聯軍攻打北京城的炮火中。母親也是旗人，靠著人家洗衣裳做活計維持一家人的生活，過著清苦日子。早年這一段窮旗人的生活，給他一生打下了許多特殊的烙印，在很大程度上影響著他整個人生道路。一九二四年夏他應聘到英國倫敦大學東方學院當華語教員。在英期間開始文學創作，清苦的生活，却締造他輝煌的成就，誠如作家本人所說的，如果沒有五年的倫敦生活，或許就沒有作家老舍。第一部長篇小說〈老張的哲學〉在一九二六年七月十日的〈小說月報〉開始連載。之後又陸續發表〈趙子曰〉和〈二馬〉，奠定了老舍作爲新文學開拓者之一的地位。回國後老舍先後在齊魯大學和山東大學任教，這期間創作了〈貓城記〉、〈離婚〉、〈駱駝祥子〉等長篇小說，〈月牙兒〉、〈我這一輩子〉等中篇小說和〈微神〉等短篇小說。抗戰期間，他從濟南流亡到武漢、重慶，創作了大量的曲藝作品、話劇、詩歌、散文和小說。一九四四年起開始創作近百萬字的長篇巨著〈四世同堂〉，通過淪陷的北平的一條小胡同的居民群展現了一部八年抗戰史。一九四九年以後，他創作了〈方珍珠〉、〈龍鬚溝〉、〈茶館〉、〈全家福〉、〈神拳〉、〈正紅旗下〉（未完成）等劇本和小說。他並因話劇「龍鬚溝」而榮獲「人民藝術家」的稱號。一九六六年在「文革」中，他不堪蹧辱而投太平湖自盡。

北京之於老舍，就如同湘西之於沈從文。早在四〇年代老舍便這樣描述過他與北京難捨難分的依戀：「我生在北平，那裡的人、事、風景、味道，和賣酸梅湯、杏兒茶的吆喝的聲音，我全熟悉。一閉眼我的北平就完整的，像一張彩色鮮明的圖畫浮立在我的心中。我敢放膽的描畫它。它是條清溪，我每一探手，就摸上條活潑潑的魚兒來。」再加上老舍的滿族血統,夫人胡絜青就說過:「也許是由於老舍出身在滿族家庭裡的緣故,他從小對曲藝就很愛好。老舍小的時候,滿族人中還有很多人會吹拉彈唱,不少家庭中有三弦、八角鼓這類簡單的樂器,友人相聚的時候,高興,就自彈自唱起來,青年人也往往以能唱若干段大鼓或單弦而自傲。當年的茶館裡,曲藝節目勢必不可少的,大都長年邀請藝人表演曲藝節目。老舍在懷念自己幼年摯友羅常培(莘田)先生的文章中曾有過如下的記載:『我從私塾轉入學堂,即編入初小三年級,與莘田同學。……下午放學後,我們每每一同到小茶館去聽評書《小五義》或《施公案》……』」老舍在北京的街頭、茶館、戲園接受了最初的美感教育,而且將對於市民文藝的這種興趣保持到他的晚年。

作為現代作家,老舍不是僅僅由「傳統遺產」接觸民族文化,而更直接由活在民間生機蓬勃的藝術中汲取養分的。雖然他說:「英國的威爾斯、康拉德、美瑞狄茨和法國的福祿貝爾(即福樓拜)與莫泊桑,都拿去了我很多時間」。但這位在倫敦開筆寫作的作家,作品中却絕少「歐化」的痕迹,不能不歸結於上述的原因。北京的城牆、胡同、四合院,還有京味十足的市井聲、斑駁雜亂的人與事,無疑的是他創作的泉源。在他的視野裡，可以有豪爽粗獷的瀟洒，却又可見滿目的委委瑣瑣的卑微；可以愛憎分明，却又少不了美醜不辨；可以捨身求仁，却又免不了委曲求全。他始終保持一種旁觀者的姿態，用他諷刺和批判的筆觸和幽默調侃的語氣，向人們講述這裡發生的故事。

《駱駝祥子》是老舍的代表作，它標誌著老舍對於北京市民社會的觀察、認識已經實現了重大的突破。老舍看出祥子的悲劇在於想以最大的代價和最低的條件求生存而不可能。那正是那個時代最大多數人民的共同命運，也是社會革命的最直接的原因和依據。近現代中國都市的勞動者群，主要由破產農民構成。祥子所演出的，也正是這種貧苦農民「市民化」的歷史。作者形容祥子：「他確乎有點像一棵樹，堅壯、沈默，而又有生氣。」初來到北京的祥子，即使穿著白布褲褂站在同行中，他也徹頭徹尾的是個農民，甚至他想擁有一輛自己的車的這種心理，也像農民擁有自己的一塊土地一樣的心理。小說令人驚心動魄地寫出了，惡魔般的社會環境怎樣殘酷地，一點一點地剝掉祥子的農民美德，將他的性格扭曲變形，直到把這「樹」一樣執拗的祥子連根拔起，拋到城市流氓無產者的行列中。論者指出，老舍之所以把祥子的外號取爲「駱駝」，決不是因爲祥子偷過幾匹駱駝，而是「駱駝」的形象，天生就給人一種尊嚴與屈辱的混合體。高大巍峨、龍驤虎步，昂然不可欺凌是尊嚴的一面；忍飢耐渴，沈默無語，任人宰割是屈辱的一面。老舍要寫出一個「尊與辱」的祥子。祥子幾次買車的失敗，最終只能拉人家的車，在人家的白眼下討剩飯、檢煙頭，是祥子在經濟上的屈辱。而在性愛上的屈辱是他原本立志要「憑自己的本事」，娶一個「乾淨」的鄉下姑娘；但最後是讓那「算什麼東西」的虎妞張羅布網，「誘姦」他。從此以後，祥子變成了虎妞的一件玩物。他恨不能掐死這個「凶惡的走獸」。繼虎妞之後，夏太太又玩弄他，而且讓他染上髒病。祥子的悲劇，是一個「人」在尊嚴與屈辱之間的奮力掙扎，而終於墮入屈辱的悲劇。似乎人要在世上獲得正常的生存，就得把尊嚴抵押出去，然後人的本性就一點點地泯滅了，最後變成「墮落的、自私的、不幸的、社會病胎裡的產兒，個人主義的末路鬼！」

老舍說過自己「是個善於說故事的，而不是個第一流的小說家」。他的作品常有清晰且較爲單純的主線，情節在老舍的構思——結構中，似乎不是最緊要的。他甚至不屑使用傳統小說、評書藝人常使用的設置懸念的手法，他寧「平鋪直敍」，即使如此，你仍然被他吸引著。吸引你的並非情節故事，而是細節與情景。它隨處展現人生的形態、處處飽滿結實的「生活」，生命在作品的每一處流布。在語言風格上，老舍應屬「本色」一派。中國古代戲曲理論家講求「本色」，以爲「越俗越家常，越警醒」。老舍談語言，則強調「現成」：「努力去找現成的活字。在活字中求變化，求生動，……」這裡的「現成」，即自然、本色，「語無外假」，如老舍自己所說的，「把頂平凡的話調動得生動有力」，燒出白話的「原味兒」來。例如他寫祥子的忠厚正派，說：「他彷彿就是在地獄裡也能作個好鬼似的。」是多麼現成又新鮮有力!!而寫牛天賜爲父親守靈：「猛一點頭，他醒了，爸在棺材裡，他在棺材外，都像夢」，眞是恰如其分地道盡那景象。

在晚年老舍寫下自傳體的小說〈正紅旗下〉，他用全部的藝術才華，去寫自己民族最屈辱的一幕。但輓歌還沒有寫完，命運却敲門了，紅衛兵的一頓毒打、打破他的幻境。一個朝聖者，他的心是完全地碎了。一九六六年八月二十四日是老舍一生中最漫長的一天，他不願意再蒙受新的屈辱，也不願意因爲自己而牽連家人。他看不到前景，更無法預測未來，在這樣的情況下，死，對於他，也許才是最好的、唯一的選擇。

三十多年後的今天，太平湖已消失了，成爲地鐵的總站；而北京也諸多改變，天橋、戲園都今非昔比；但唯一沒有改變的是《駱駝祥子》依然被傳誦著!!

搖曳的上帝面影

一九九三年的寒冬，我們在北京民族學院高知樓的寓所，拜訪冰心先生。在女婿的引領下，我們終於見到這位與世紀同齡、新文學的第一代女作家。老太太坐在一張大寫字桌後，窗明几淨，桌上有書有花，還有文房四寶，陽光從窗口洩入，罩在老人的臉上和身上，老人微笑著，只見眉宇間彌散著一股清泰祥和之氣。老太太已得知我們的來意，起身和我們握手，那一瞬間，我感覺到那是我有生以來握過最溫暖也是最柔軟的手，那手曾寫出《繁星》、《春水》和《寄小讀者》等，讓人傳誦一時的名篇！

一九二二年，少女冰心寫下這樣的詩句：

造物者——倘若在永久的生命中，
只容有一次極樂的應許，

我要至誠地求著：
我在母親的懷裡，
母親在小舟裡，
小舟在月明的大海裡。

這首《春水》裡的抒情小詩，母親、小舟和月明的大海，構成了天地間最和諧、最美麗的世界。這就是母愛（善）、童心（眞）和自然（美）三位一體的「愛的哲學」的形象圖解，也是冰心作品的重要主題。當然，它在其他五四女作家，如盧隱、馮沅君、陳衡哲、石評梅、白薇、綠漪（蘇雪林）、凌叔華、陳學昭的作品都曾出現過，只不過比不上冰心出現的份量重些。無庸諱言的，她這「愛的哲學」的思想基礎，在很大程度上受到基督教博愛精神的影響。學者馬佳指出：冰心從十四歲就開始進入北京的教會學校貝滿中齋學習，這期間她因爲基督教義的影響，已潛隱地形成了自己「愛的哲學」。以後她又進入燕京大學，更系統地接受了基督教的教育，因爲燕大校長司徒雷登的辦學首要方針就是要求學校的基督教化。如此的環境，加上早期生活的美滿和諧、個人道路的順達，使冰心很自然和基督教義中博愛、寬容的精神產生強烈的共鳴。而當時恰逢印度詩哲泰戈爾被介紹到中國，冰心很快從泰戈爾的詩篇和哲學中找到了基督「博愛」這根與她的思想共振的琴弦。冰心無限傾心於泰戈爾《新月集》、《飛鳥集》等詩篇，於是她寫下了《繁星》和《春水》的詩集。

冰心在小說〈超人〉中說到：「世界上的母親和母親都是好朋友，世界上的兒子和兒子也都是好朋友，都是互相牽連，不是互相遺棄的。」而《聖經》中上帝之子耶穌說：「我給你們一條新命令，乃是叫你們彼此相愛。我怎樣愛你們，你們也要怎樣相愛。」論者指出，「五四」倡導的平民文學和人道主義不能不使冰心努力掙脫束縛自己視野的仄小安逸的樊籠，而把愛的目光更多地投注到充滿苦難和不幸的人間。她想借自然之愛和美，創造高尚的獨立人格，建立「在母親的愛光之下，個個自由，個個平等」的理想國。而基督教則認爲，十字架上的上帝之子的受難，是上帝的救贖之愛戰勝現實的罪惡和冷酷無情的明證，只有把自身的力量奉獻給孱弱的愛，才能恢復人身上所有的永恆、珍貴的東西——上帝賦予每一個人的不可剝奪、不可轉讓的精神位格，即天賦的個人價值。

冰心受到基督教關於人的觀念的影響，認爲人是軟弱的，是需要被拯救的，這成爲她倡導愛的前提，即要爲弱者背上「光明的十字架」。即使攀上「絕頂的危峰」，求得「自身解脫」也念著「山下勞苦的衆生」，哪怕「本是頑石一般的人」，因爲「宇宙的莊嚴」、「自然的幽深」、「母親的溫情」，也「竟低下頭兒，做了人間的弱者」。「愛的哲學」所依據的並不是一個眞正宗教信仰中的上帝，冰心只是借助基督教中的上帝觀念、人的觀念、大同世界的景觀、天使的形象等等，以及從泰戈爾、歌德那裡接受的泛神思想影響，在自己生命體驗的基礎上，結合宗教感悟和審美感覺，進行了一系列哲學性的調和，在強烈的入世救人精神激勵下，建立起的「愛的信仰」。

冰心在論述「自然之愛」時，確是常常用「造物者」這一稱呼來表達。在她的思想中，造物者是有意志、有情感的人格神，是萬物的創造者。「在宇宙之始，也只有一個造物者，萬有都整齊的平列著。」（引自冰心的〈悟〉）即《聖經》所說：「萬物是藉著他造的，凡被造的，沒有一樣不是藉著他造的。」（引自〈新約・約翰福音〉）。

至於這種宗教精神，表現在文學作品時，處理得又十分隱晦。黃子平指出：當時候是反帝嘛，因此不能在作品中大談基督教，這種外來的帝國主義的東西，於是看似抹得很乾淨，但整個精神是一種「聖愛」的精神。我們似乎可從冰心〈寄小讀者・通訊十〉，再看出一些端倪，她說：「天上的星辰，驟雨般落在大海上，嗤嗤繁響。海波如山一般洶湧，一切樓屋都在地上旋轉，天如同一張藍紙捲了起來。樹葉子滿空飛舞，鳥兒歸巢，走獸躲到它的洞穴。萬象紛亂中，只要我能尋到她，投到她的懷裡……。」《聖經》說：「天上的星辰墜落於地，如同無花果樹被大風搖動，落下未熟的果子一樣。天就挪移，好像書卷被捲起來，山嶺海島被挪移，離開本位。」耶穌說：「狐狸有洞，天上的飛鳥有窩，人子卻沒有枕頭的地方。」（〈新約・路加福音〉）在這種世界末日的景象中，《聖經》中的祈禱者說：「上帝是我們的避難所，是我們的力量，是我們在患難中隨時的幫助。」在上述冰心的文章中，我們若試圖將「母親」換成「上帝」，那簡直可以說是一篇對上帝頗有靈性體驗的講道文。

諸多「五四」作家，在當時都認爲必須借助於基督教犧牲博愛的精神、充沛純眞的情感、和耶穌崇高的人格來滌蕩傳統文化中僵死的窒息生命的倫理規範，重塑民族個性，給中國人的生命注入鮮活的原始的生命情愫。但很快他們又自覺到那件染有基督教氣息外衣的刺目和不協調，而基督教文化自身在漫長中世紀對西方文明進程的阻礙和進入中國時的強制性，也使「五四」作家很難在理智和情感上完整地把握它。加上傳統文化的強大附著力和冥性，使得上帝的面影，在「五四」文學中必然是搖曳的。而抗戰烽火的興起，風雨飄搖的中國大地，再也放不下「自由、平等、博愛」的溫床。五四作家分別帶著破滅了的青春幻想，結束了「聖母頌」、「童心曲」、「自然讚」的吟唱和奏鳴。而原本已開始退隱的上帝面影，也益發地搖曳了！

（原刊於一九九七年九月十八日中央副刊）

最後一首抒情詩

一九三四年一月沈從文遠別新婚妻子張兆和，返回闊別十餘年的故鄉鳳凰，爲了探視病重的母親，但回到老家的三天裡，百里外的銅仁正在打仗，湘西王陳渠珍調來三千援兵集結鳳凰，弟弟沈岳荃在陳渠珍手下任團長，但陳卻對他有所猜忌，而沈從文被家鄉人疑心爲共產黨，此時的返鄉，無疑地爲弟弟也增添了變數……沈從文離開北平時，曾與張兆和約定，每天給她寫一封信，記下沿途的見聞，回北平後再拿給她看，這就是後來《湘行散記》的主要材料，而這三十八封信，就稱爲《湘行書簡》。而在書簡中沈從文寫到：

「三三，我因爲天氣太好了一點，故站在船後艙看了許久水，我心中忽然好像徹悟了一些，同時又好像從這條河中得到了許多智慧。三三，的的確確，得到了許多智慧，不是知識。我輕輕地嘆息了好些次。山頭夕陽極感動我，水底各色圓石也極感動我，我心中似乎毫無什麼渣滓，透明燭照，對河水，對夕陽，對拉船人同船人，皆那麼愛著，十分溫暖地愛著！……我看到小小漁船，載著它的黑色鸕鷀向下流緩緩划去，看到石灘上拉船人的姿勢，我皆異常感動且異常愛他們。……三三，我不知為什麼，我感動得很！我希望活得長一點，同時把生活完全發展到我自己的這份工作上來。我會用自己的力量，為所謂人生，解釋得比任何人皆莊嚴些透入些！三三，我看久了水，從水裡的石頭得到一點平時好像不能得到的東西，對於人生，對於愛憎，彷彿全然與人不同了。我覺得惆悵得很，我總像看得太深太遠，對於我自己，便成為受難者了，這時節我軟弱得很，因為我愛了世界，愛了人類，三三，倘若我們這時正是兩人同在一起，你瞧我的眼睛濕到什麼樣子！……」

從這封家書，我們看到沈從文的真誠，我們明瞭了沈從文的作品為什麼寫得那麼美，當然我們也知道「水」對沈從文的影響是那麼大。從《楚辭》的源頭沅水，到海潮來去的吳淞江口；從黃浪濁流急奔而下直瀉千里的武漢江邊，到天雲變幻碧波無際的青島大海邊，直到昆明秀麗天然的滇池邊，沈從文與水，心心千結，如影隨形。沈從文在「自傳」裡說到：「我情感流動而不凝固，一派清波給予我的影響實在不小……，我學會思索，認識美，理解人生，水對於我有極大關係。」

一九九五年春末，我們以半個月的時間，隨著沈從文研究專家凌宇先生，尋訪七十年前沈老走過的水域。從家鄉鳳凰一路走來，一直到保靖——那當年沈老通往北京的出口。我們讀著《沈從文自傳》，對照著眞實的地名、景物，想像著他小時候逃學、打架、罵粗話乃至賭博，那野得無法收拾的頑童生活，十四歲就去當兵，浪迹於湘、川、黔的邊境，而在「清鄉剿匪」中成千上百次地看著殺人的場面，甚至他所屬的軍隊在鄂西境內一夜間全數覆滅，他驚恐地死裡逃生，在芷江發生的初戀及由此衍生的「女難」，在常德的「打流」（沒找到工作的閒逛），與在川東龍潭和一位有過殺人放火的山大王的過從，……就這樣「眞實與虛構」地疊印在我們眼前。湘西的村寨，常常是紮在水邊，名叫吊脚樓，竹子的房柱浸在水裡，變了顏色，有著千年萬代的樣子，而江邊靜謐的山巒，挖有棺葬的壁洞，有著地老天荒的氣息。沈從文坐著小船從狹窄的水道走上開闊的江面，御風而行，這一切一切的故事，就像是岸邊的石頭，從他眼中歷歷而過，江面愈來愈寬，風也愈來愈大，激蕩著他的帆，他從邊城走向世界，而鳳凰就成爲他心中永遠的寂寞的風景。

學者趙園指出沈從文寫小說有三套筆墨：寫城市、知識者諸篇文字的瑣細以至時見冗贅；寫湘西普通人生活的極其自然明淨與節制；和〈神巫之愛〉、〈龍朱〉諸作的鋪張奢華——統一了民間俗文學的機智與貴族式的風雅。而寫城市諸篇在結構上的過用技巧，倒像是適應了那種充滿「人工」的人生形態。至於一寫到湘西世界，那些沒有情節、沒有結構的作品，讓你在掩卷之餘，帶著渾然一體的湘西山川林木的情調，彼此重疊交錯，一片閃爍、略見朦朧地回到你的記憶中來。沈從文的敍述常常是一串密匝匝的細節，一氣鋪排下來，使人物與生活場景畢見，處處鮮活。但又因行文的輕巧而使人不覺其鋪排；一些極不起眼的事物，只消樸素地寫出，就輕易地將你的類似經驗點醒了。而放縱的想像與描寫的具體入微的結合，使自由與節制、放與收，筆觸的疏與密、虛與實，在許多情況下，都配合得恰到好處，既灑脫又謹嚴，近於藝術創造中「自由」的境界。

沈從文常自況爲「鄉下人」，用今天的話語，就是「另類」。它相對於「主流」，亦可說是踟躅於文化邊緣上的「邊緣人」。他吸取了「主流文化」的一切長處，又融匯了湘西（楚文化）的特殊稟賦，造就了一種「特異」的氣質與才幹。蠻荒山水、粗樸人生給予他的氣質、個性和那一份經驗，通過他的筆，繪出了別見情致的鄉土世界。經過那麼多年，作者的生命老去了、死去了，但那流風餘韻猶繫紙墨之間。

在《湘行散記》中沈從文寫著「我平日想到瀘溪縣時，回憶中就浸透了搖船人催櫓歌聲，且被印象中一點兒小雨，彷彿把心也弄濕了」……在這種今與昔、人境與心境的返復迴旋中，沈從文寫著十七年前他從軍時的幾個伙伴的故事，他們已經消失或被遺忘了，包括一個趙姓成衣人的獨生子，還記得他伶俐勇敢，夢想當上副官，戀著城裡絨線鋪的女孩子，那女孩子明慧溫柔……「整整十七年後，我的小船又在落日黃昏中，到了這個地方停靠下來……」石頭城恰當日落一方，滿河是櫓歌浮動。沈從文悠悠地講述著那動人的情節，在那絨線鋪裡，「眞沒有再使我驚訝的事了，在黃暈暈的煤油燈光下，我原來又見到了那成衣人的獨生子。這人簡直可說是一個老人。很顯然的，時間同鴉片已毀了他……我憬然覺悟他與這一家人的關係，且明白那個似乎永遠年輕的女孩子是誰的兒女了……他的那份安於現狀的神氣，使我覺得若用我身份驚動了他，就眞是我的罪過。」沈從文望著天上一粒極大的星子，想著星子閱歷滄桑的鎭定，聽黑暗河面起了縹緲快樂的櫓歌，「從歌聲裡我儼然徹悟了什麼。我明白，我不應當翻閱歷史，溫習歷史，在歷史前面，誰人能夠不感惆悵？」這似乎是對人間以及退到自己心中都無法說明到透徹的一種靜觀。

在《湘行散記》所提到的絨線舖的小女孩，是沈從文《邊城》中翠翠的原型之一，在整理《湘行散記》的同時，沈從文也繼續地寫著《邊城》——「翠翠在風日裡長養著，把皮膚變得黑黑的，觸目爲青山綠水，一對眸子清明如水晶。自然既長養她且教育她，爲人天眞活潑，處處儼然如一隻小獸物。人又那麼乖，如山頭黃麂一樣，從不想到殘忍事情，從不發愁，從不動氣。平時在渡船上遇陌生人對她有所注意時，便把光光的眼睛瞅著那陌生人，作成隨時皆可舉步逃入深山的神氣，但明白了人無機心後，就又從從容容的在水邊玩耍了。」文中不僅人物寫得好，更創造了一個情景交融的詩的意境。沈從文的得意高徒汪曾祺說：「《邊城》的語言是沈從文盛年的語言，最好的語言。既不似初期那樣放筆橫掃，不加節制；也不似後期那樣過事雕琢，流於晦澀。這時期的語言，每一句都『鼓立』飽滿，充滿水分，酸甜合度，像一籃新摘的煙台瑪璃櫻桃。」洵爲知言。《邊城》、《湘行散記》同時問世，相互輝映，代表著沈從文文學成就的豐碑。

沈從文自認爲是二十世紀最後一個浪漫派，他的自喻在在隱含著寂寞，但他並不曾因此而吶喊，似乎那寂寞與理想的徒然是不可分的。他以知識者的哲學、審美趣味審視湘西，又以湘西鄉下人式的眼光打量城市的世界，但他卻被漫畫化了的「城市」和理想化了的「湘西」所放逐。站在兩種文化交錯的路口，沈從文不能不寂寞。但他卻仍然有他委曲的寄託，他說：「我還得在『神』之解體的時代，重新給神作一種贊頌，在充滿古典莊嚴與雅致的詩歌失去光輝和意義時，來謹謹愼愼寫最後一首抒情詩。」

（原刊於一九九七年九月二十五日中央副刊）

寂寞的鳳凰

踏入鳳凰古城中營街二十四號沈從文故居，是明、清典型的四合院建築，進入院中天井有太平缸，雜種著花草，堂屋正中可見沈紅作素描一幅，及劉煥章作的漢白玉半身雕像，筆觸簡練，唯妙唯肖地傳達出沈從文晚年的面影。天井的兩邊是東、西書屋，有沈老的遺墨及生前照片若干；而前棟左居室掛著沈紅給爺爺的〈濕濕的想念〉一文，及詩人公劉懷沈老的詩句。前者寫出孫女對爺爺的孺慕之思，綿綿不絕；後者則道盡了沈老一生文學創作與考古文物的成就及坎坷寂寞的心靈。

「鬱結三十載舌苔的苦蒼」在那遍地滾燙的時代，從一九四六年到文化大革命結束，三十年來沈老受到無數次批判。首先是郭沫若的〈斥反動文藝〉指責他：「什麼是紅？我在這兒只想說桃紅色的紅。作文字上的裸體畫，甚至寫文字上的春宮，如沈從文的《摘星錄》、《看雲錄》，及某些作家自鳴得意的新式《金瓶梅》，儘管他們有著怎樣的藉口，說屈原的〈離騷〉詠美人香草，索羅門的〈雅歌〉也作女體的頌揚，但他們存心不良，意在蠱惑讀者，軟化人們的鬥爭情緒，是毫無疑問的。特別是沈從文，他一直是有意識的作爲反對派而活動著。在抗戰初期全民族對日寇爭生死存亡的時候，他高唱著『與抗戰無關』論，在抗戰後期作家們加強團結，爭取民主的時候，他又喊出『反對作家從政』；今天人民正『用革命戰爭反對革命戰爭』，也正是鳳凰毀滅自己，從火中再生的時候，他又裝起一個悲天憫人的面孔，謚之爲：『民族自殺的悲劇』，把我們的愛國青年學生斥之爲『比醉人酒徒還難招架的衝撞大群中小猴兒心性的十萬道童』，而企圖在報紙副刊上進行其和革命游離的第三方面，所謂『第四組織』。（這些話見所作〈一種新希望〉，登在去年十月二十一日的《益世報》。）這位看雲摘星的風流小生，你看他的抱負多大，他不是存心要做一個摩登文素臣嗎？」以郭沫若當時的政治地位，以如此無情的批判，對沈從文而言，眞可說是「生命難以承受之輕」，這也是爲什麼在一九四九年春末，在日益嚴重的精神恍惚狀態下，他用小刀割開手臂上的血管，選擇了自殺的原因。

自殺未遂的沈從文不得不熄滅對文學的眷戀之情，轉而投身於古物之研究，在故宮、歷史博物館的高牆大院裡，《龍鳳藝術》、《唐宋銅鏡》、《戰國漆器》等等專著，伴隨著沉寂的生命相繼問世。而文革期間，再度迫使沈從文放下古代服飾研究工作，一如諸多作家文人一樣下放幹校勞改，而多年研究所得的數以萬計的卡片亦毀於紅禍。回到北京後，在生活條件、工作條件兩相艱難下，他仍孜孜矻矻地重頭再來。《中國古代服飾研究》一書，令人們在塵封的歷史中，宛如又見灼灼耀眼的藝術明珠。而弔詭的是在三十年前撰文斥他爲「桃紅色作家」的郭沫若，卻在三十年後爲該書撰寫序文，褒揚有加。難道這正印證托爾斯泰所說的「等著吧，老天會還你一個公道」嗎？人們對他的誤解也太長了。

四十年來，「恐懼依然蠶食著他的心靈」，有如夢魘揮之不去。當他面對敬仰、愛戴他的研究者或故鄉友人，他總是再再地緊縮自己、沖淡自己，他不只一次地表示「愛好我的朋友，特別是搞中國文學的，不要把我當成研究對象，這個事情，很快就會過去的，我是個過時的人，完全說不上有什麼成就，在社會上，虛名過實的混了六十年，混不出什麼事。」而當歷史學者陳萬雄要他寫《北京六十年》，這以沈老晚年的歷史眼光，寫出他從湘西到北京的六十年生活，接續上他的《從文自傳》，正好是他一生的完整回憶錄。這構想曾打動他的心，但終究沒有動筆，主要還是歸結於他的「恐懼」心理。對於熙熙攘攘的社會，他似乎寧願「沉默無言」，他甘於寂寞。

汪曾祺說：「寂寞不是壞事。從某個意義上，可以說寂寞造就了沈從文。寂寞有助於深思，有助於想像。」而沈老自己也說過「我有我自己的生活與思想，可以說是皆從孤獨中得來的。我的教育，也是從孤獨中得來的。」四百萬字的文學作品和上百萬字的考古文物研究，在在都是在寂寞中完成的，有如浴火的鳳凰，寂靜地啄食著大地的字釘，一顆顆，一行行……

（原刊於一九九五年十一月十日聯合副刊）

心靈的探索

爲了拍攝沈從文的紀錄片，我們走訪湘西。爲了更了解那山山水水與沈老作品的關係，我們邀請沈從文研究專家凌宇教授帶領我們去探訪那邊城的風情，並聆聽他多年來的研究心得。正如學者趙園所說的，和凌宇談話總離不開沈從文，他是如此地情有獨鍾，而且傾注半生心血毫不間斷地研究。他說，沈從文作爲我的研究對象和我這個研究主體之間，是一個雙向選擇：既是我選擇了沈從文研究，也是沈從文研究選擇了他的研究者。言談間，充滿著對傳主的崇敬與對研究成果的喜悅。

沈從文是湘西鳳凰縣人，凌宇則是湘西龍山縣人。地緣的關係是凌宇選擇沈從文研究的主因，他說，沈從文對湘西這塊土地人生的觀察，必須有對這塊土地人民的生存狀態有切身體驗的人，才能眞正理解。而一般的湘西人受限於教育水平，在理論和文化素養上很難達成。在當時能具備這兩個條件的，就只有他一人。

在〈風雨十載忘年游〉一文中，凌宇說，從我著手寫第一篇研究沈從文創作的論文，到《沈從文傳》發排付印（就在我看完《沈從文傳》最後一校，將其送交出版社的同一天，沈從文先生突然與世長辭），前後跨越十個年頭，我與沈從文先生的認識與交往，也有了十年。……在我進行沈從文研究過程中，沈先生始終將我置於與他平等的對話者地位。在沈先生眼裡，我是他的朋友，一個「因緣時會」，在他晚年闖入的「忘年之交」。

凌宇回憶他初見沈從文的情景，是在小羊宜賓胡同五號的寓所，在這之前他曾請前輩蕭離先生轉呈二十餘個待請教的問題給沈老，而見面時，沈老說：「你最好不要研究我，那都是些過時了的東西。」然後把話題一轉，開始談那湘西的山山水水了，直到他們起身告辭時，沈老才將一張折疊著的紙交給凌宇，那正是先前提問的清單，只見在每個問題的後面，都有沈老的親筆，密密麻麻塞滿了幾乎所有空白處。而爲寫《沈從文傳》，凌宇認爲立傳需要與傳主之間心靈溝通，當然最重要的是有傳主本人的自敘，於是雖然沈老這時已重病在身，在一九八四年的初夏，在前門東大街沈老的寓所裡，凌宇花費十餘天，每天上午有二到三個小時，與沈老面對面的長談。凌宇說，「每天談話，主要是沈先生自述，我間或插入一兩個聽後仍舊不甚明瞭的問題。……沈先生似乎在極力抑制自己的感情，要拉開與自己歷史的距離。然而，我自信我聽出了——雖不敢說全部——隱伏在這平靜敍述背後的感嘆唏噓與喜怒哀樂，並不時從這情感起伏的脈流裡，感到與沈先生心靈距離的縮短。」而這些談話材料，澄清了過去許多模糊不清的事件，也凸顯許多不為外人所知的事實。

除了《沈從文傳》外，凌宇對沈從文的總體研究，可分為三階段。第一階段是從一九七九年到一九八四、八五年，這階段他完成了《從邊城走向世界——對作為文學家的沈從文的研究》一書。第二階段是在一九八四、八五年以後，他開始從文化學角度觀察沈從文，這時期以「從苗漢文化和中西文化的撞擊看沈從文」開始，其實這種文化學的趨向在《從邊城走向世界》的最後一章節總結中就可以看出了。第三階段的研究思路則不同於前兩階段，它除了堅持從文化學角度研究外，同時又受法國敍事學的影響。凌宇說，「我不贊同極端主義敍事學派把人文主義完全排除在外，因為中國人的人文主義精神、憂患意識還是很強的，中國作家追求對國家民族的關懷。但我也承認，恰恰就是這種關心，使我們在文學藝術構成的研究上形成缺陷，對作家的人文主義把握還停留在主觀印象上，缺乏一種有力的形式主義分析來支撐它，切入作品的內部形式結構、語言構成、敍事方式。」於是〈沈從文小說的敍事模式及其文化意義〉的論文，就成了凌宇嶄新方向的開始。

沈從文在「自傳」中提到「我情感流動而不凝固，一派清波給予我的影響實在不小……我學會思索，認識美，理解人生，水對於我有極大關係。」凌宇說，水與沈老的經歷不可分，尤其是在湘西之前，與水是脫不了關係，這在《湘西》、《湘行散記》等作品均有提到；而除此而外，水更隱喻了沈老的性格。這又包括個性及文化視野兩方面，在個性上說，沈老外柔內剛就如同水能平靜無波也能無堅不摧；而在文化視野而言，沈從文代表南中國文化品格，正如老子所言，「南方之強，以柔弱勝剛強。」因之我們隨著凌宇教授的帶領去尋訪七十年前沈老走過的水域，可惜的是不但「人事已非」，景物也已改變，原本山上林木茂密，古樹參天，有種原始神祕之感，被沈老形容爲「原始的恐懼」，在今日已完全看不到了，因爲山上的林木已在「大鍊鋼」時遭到無情的砍伐，目前見到的要不是光禿禿的，就是高僅及人的新栽樹木。而在沈老作品中沅水及其支流是水急灘險，但現在因沅水到白河設立水電站，於是全變爲水庫，舟行其間如同湖面般地平靜。

保靖是沈從文從邊城走向世界的出口，沈從文在這裡做了他的人生抉擇，他和聶仁德談進化論，談佛教因明的獅子洞，洞旁的摩崖石刻「天開文運」依然耀眼，沈從文跨出對他一生具有決定性意義的一步，開始他此後無法逆轉的生命歷程，也意味著他即將擺脫生命的自在狀態，從一般的「鄉下人」中脫穎而出，匯入「五四」的中國新文化、新文學的歷史洪流。在離開保靖十九天後，沈從文到達北京，他說他「開始進到一個使我永遠無從畢業的學校，來學那課永遠學不盡的人生了。」相對於保靖是沈老的生命轉捩點，則鳳凰就是沈老生命的起點與終點，中營街二十四號的故居、文昌閣小學有著沈老成長的軌跡，而聽濤山卻成爲沈老歸骨之所。一九九二年五月十日沈老的骨灰一半灑在沱江中，一半就安葬在聽濤山墓碑下，在逝世四年後，沈老終於回到他生前魂牽夢繞的故土，墓碑刻著「照我思索，能理解『我』，照我思索，可認識『人』」，而背後有張充和的誄文曰：「不折不從，亦慈亦讓，星斗其文，赤子其人」。

凌宇在談到沈從文，以他的墓誌銘做總結地說，「照我思索，能理解『我』；照我思索，可以認識『人』。其中，那個未加引號的我，應該是沈先生早就說過的眞正屬於人的那個自己。這就是說，聽命於作爲人的那個我去思索，而不是受外在於我的物的支配與左右，就能理解『我』，認識『人』。然而，認識、理解人，即人與人的溝通，以每個人能遵守眞正屬人的我的指令爲前提；而要做到人皆能從我思索，是必須以人類目前生存環境的改變爲前提。想想那個我、『我』分裂的人類目前生存狀態，不能不讓人對眼前的人生起著大恐懼。我不由想起，當沈先生的親人及少數聞訊趕來的學生、朋友向沈先生遺體最後告別時，靈堂裡回盪著的貝多芬的『悲愴』樂音，那不只是沈先生一生運命的寫照，同時也是沈先生所意識到的目前人類靈魂的宿命象徵。」

（原刊於一九九五年十二月敦煌書訊第三期）

給人間添一點溫暖

一九八六年九月間，巴金完成《隨想錄》五集的寫作，花了十年的光陰，「十年辛苦不尋常」，但最重要的是那「字字看來皆似血」，那眞是巴老嘔心瀝血的「良心之作」。巴老在後來說道：「我近年常說我寫《隨想錄》是償還欠債，我記在心上的當然只是幾筆大數。它們是壓在我背上的沉重的包袱。寫作時我感到壓力。好不容易還淸了一筆債，我卻並不感到背上輕鬆多少，因爲我背債太多，過去從未想到，彷彿有人承擔，不用自己負責。從前當慣了聽差，一切由老爺差遣，用不著自己動腦筋，倒好辦事。現在發現自己還有一個腦子，這腦子又不安份，一定要東想西想，因此許多忘記了的事又一件一件地給找了回來，堆在一處，這裡剛剛還淸一筆，那裡又記上一個數目。有時覺得債越還越多，包袱越背越重，自己實在支持不下去。由於這種想法，我幾次下了決心：除了

《隨想錄》外，我寫過的其他文章一概停印。這樣賴掉那些陳年舊債，單單用《隨想錄》償還新債大債，我也許可以比較輕鬆地走完我的生活的道路。」五十萬字的《隨想錄》對於巴老的重要性，由此可以想見。

巴老的好友，也是名作家的王西彥先生，一九九一年寫了一本《焚心煮骨的日子——文革回憶錄》，作者在後記一直強調「這是一本寫遲了的書」，並說：「在漫長的艱辛歲月中，巴金是我共患難的夥伴之一。最初是彼此一起蹲『牛棚』，挨批鬥，一起背誦『紅寶書』和『投降書』（案：《毛語錄》和「敦促杜聿明等投降書」），一起被迫參加監督勞動；隨後又一起下農村接受貧下農的『再教育』，一起吃『憶苦飯』，一起擠睡潮濕的泥地，一起被作爲『田頭批鬥會』的批鬥對象；接著又一起被送往東海之濱的『文化幹校』長期參加勞動改造，一起運糞、插秧、割稻、餵豬、搓草繩、看管農具，自然也一起忍受心靈煎熬，一起做惡夢。因爲彼此間有這種不尋常的友情，在這本回憶錄裡不能不多處寫到他的一些遭遇。尤其是，當年曾經蹲在那個煤氣灶間改成的小『牛棚』裡的六名『老牛鬼』，半數已永離人世，一位已調往北京，留在上海的就只剩我們兩人。因此，儘管巴金年老久病，雙手發顫，我還是特地請他給這本回憶錄題了字，作爲一種十分値得珍惜的紀念。」

那眞是「無法忘卻的紀念」，巴金曾說：「只有牢牢記住『文革』的人才能制止歷史的重演，阻止『文革』的再來。」這個思想一直貫串整部《隨想錄》，也是巴老大聲疾呼建立「文革博物館」的原因。《隨想錄》中有許多篇章，我們看到巴老自己在鞭打自己的靈魂，在那個年代裡迫於形勢，他不得不去宣讀那些別人準備好的講稿，於是當柯靈的電影劇本《不夜城》受到批判時，巴金也被迫寫了文章，但他馬上發覺自己上了當，而且向柯靈道了歉。而當年他批評路翎的小說〈窪地上的戰役〉，即使他原來「並無傷害作者的心思」，但「運動一升級，我的文章也升了級」，他總覺得是對路翎「向著井口投擲石塊」，他沉痛地自責道：「關於他的不幸的遭遇，他的冤案，他的病，我怎樣向後人交代？」即使那潑在路翎身上的污水並不能起什麼作用，但巴老卻認爲「只是爲了那些『違心之論』，我絕不能寬恕自己。」這種嚴酷的內省，正如盧梭所說的：「我要把一個人的眞實面目赤裸裸地揭露在世人面前。這個人就是我。沒有掩飾半點壞處，也沒有添加絲毫德行。」巴金和盧梭早在一九二七年就已結下不解之緣，巴金說：「我走過國葬院前面，走到盧梭銅像的脚下。我撫摩那個冰冷的石座，我差不多要跪下去了。我抬起頭仰望那個屹立的巨人，悄悄地說了許多話。這些話的意義我自己也不明白，不過我知道話是從我的心裡吐出來的。在這裡，在這一個角落裡，並沒有別人，只有那個手裡拿著書和草帽的『日內瓦公民』和我。」巴金與盧梭銅像的心靈對話，爲《隨想錄》與盧梭的《懺悔錄》找到了接軌。

在《隨想錄》的〈十年一夢〉中，巴金說：「一九六九年我開始抄錄、背誦但丁的《神曲》，因爲我懷疑『牛棚』就是『地獄』。這是我擺脫奴隸哲學的開端。沒有嚮導，一個人在摸索，我咬緊牙關忍受一切折磨，不再是爲了贖罪，卻是想弄清是非。我一步一步艱難地走著，不怕三頭怪獸，不怕黑色魔鬼，不怕蛇髮女怪，不怕赤熱沙地。我經受了幾年的考驗，拾回來『丟開』了的『希望』，終於走出了『牛棚』。我不一定看清別人，但是我看清了自己。雖然我十分衰老，可是我還能用自己的思想思考。我還能說自己的話，寫自己的文章。我不再是『奴在心者』，也不再是『奴在身者』。我是我自己。

我回到我自己身上了。」經歷十年荒唐的夢，巴金倍嘗人間的痛苦，如今夢醒了，他發現了自己，他要忠實於自己，他要「說眞話」，他要「把心交給讀者」。

《隨想錄》中感人至深的是〈懷念蕭珊〉一文，在那牛鬼蛇神横行的時候，巴金和蕭珊命運與共、相濡以沫，一如柯靈與陳國容一樣。巴金的〈懷念蕭珊〉和柯靈的〈回首血淚相和流〉，可說是文革中寫盡夫妻生死相依相扶的千古至文。幸運的是柯老至今還是鶼鰈情深，同享晚年，而巴老早就形單影隻，獨賦悼亡了。蕭珊因曾在《上海文學》編輯部參加過「義務勞動」，於是上海作協「造反派」，誣蔑她是巴金派去的「坐探」，被掛起「牛鬼蛇神」的牌子，被罰掃街，受盡侮辱，連街上的小孩都指著駡她是「巴金的臭婆娘」。王西彥回憶道，我和巴金的家相距較近，每天大清早去作家協會機關時，彼此經常同乘一輛公共汽車。不止一次，我看見蕭珊送巴金到車站。由於乘客太多，巴金年齡又較大，要上車子頗不容易；蕭珊就站在車門口，竭力用雙手推著巴金的腰背，使他不致被擠下車來。我還覺得，蕭珊甘心到作家協會參加站隊和接受批鬥，可能和借以分擔巴金的苦難有關。蕭珊的行動，總要使我聯想起俄羅斯詩人尼克拉索夫歌頌十二月黨人妻子們的忠貞意志的詩篇〈俄羅斯女人〉。蕭珊去世的一個月左右，王西彥看見巴金，他不能忘懷當時的情形，「我發覺他已經瘦成了一個稻草人，至少，他老了十歲。『老巴，你在等車嗎？』我走近他身邊。他伸過一隻瘦骨伶伶的右手，點點頭。『蕭珊的事情，我已經知道了。』我剛說出口，就已經後悔莫及了，因爲我看到他眼眶立即湧滿淚水。『你自己千萬要保重啊！』我握住他的手不放。『對，對！』他回答，『要保重，要保重！』就是這麼簡短的幾句。」悲痛至極，終歸無言，「平生事，此時凝睇，誰會憑欄意？」眞是欲訴無人能懂，我們看看他內心的吶喊吧——「我站在死者遺體旁邊，望著那張慘白色的臉，那兩片咽下千言萬語的嘴唇，我咬緊牙齒，在心裡喚著死者的名字。我想，我比她大十三歲，爲甚麼不讓我先死？……她本來可以活下去，倘使她不是『黑老K』的『臭婆娘』。一句話，是我連累了她，是我害了她。」人世間還有比這更沉重的哀傷嗎？

《隨想錄》有如一面明鏡，照亮巴老一度被扭曲的靈魂，卻也讓世人看清時代悲劇的根源。寫完《隨想錄》後老人曾宣布擱筆小憩，但老人無法眞正放下手中的筆，一如八十二歲的托爾斯泰、九十三歲的蕭伯納、八十一歲的歌德再寫出不朽巨著一般，巴老在九十高齡再出版《再思錄》一書，他寫下了一系列總結自己創作道路的代跋，還創作了〈懷念從文〉等一篇篇感人至深的散文，在「沒有神」的宣言之下，他繼續著自己的「再思」。他說：「我是春蠶，吃了桑葉就要吐絲，哪怕放在鍋裡煮，死了絲還不斷，爲了給人間添一點溫暖。」

（原刊於一九九七年十月二日中央副刊）

掌聲與寂寞

接觸曹禺的作品是在二十年前了，也是第一次看到舞台劇本，是那麼富有文學性的寫法；其實曹禺早期的劇作都具有詩劇的特點，詩的對話、詩的獨白、有聲的台詞、無言的動作，營造出讓人一讀再讀的巨大魅力。於是從劇本到舞台的公演再到劇作家本人的生活與創作，構成了一條吸引我的鎖鍊，是那麼劇烈地纏繞心中；而當時更多的盼望是能讀到他更精采的新作，一如我對張愛玲的盼望一樣，但這期待終究是落空了。當年年僅二十三歲的清大外語系三年級的曹禺，以天縱之才寫下了《雷雨》，他可曾想過，到了「新的時代」後，他的才華從此「幽閉」了。

一九三四年七月，《雷雨》發表在由巴金、靳以主持的《文學季刊》第一卷第三期，這是距曹禺寫畢劇本的一年後，發表後似乎沒有一個批評家注意過它，但卻在異域的日本得到回響，一九三五年四月《雷雨》以中華話劇同好會的名義，在東京神田一橋講堂演出；而同年八月天津市立師範學校孤松劇團在該校大禮堂的演出，是目前見諸記載的國內首次公演。從此它震驚了整個文壇，茅盾有「當年海上驚雷雨」的讚嘆，劉西渭（李健吾）稱之為「一齣動人的戲，一部具有偉大性質的長劇」，黎烈文說，「虧了它，我才相信中國確乎有了『近代劇』，可以放在巴黎最漂亮的舞台上演出的『近代劇』」，而曹聚仁甚至認為一九三五年，從戲劇史上看，應該說是進入了「雷雨時代」。

曹禺在給他的傳記作者田本相的一篇未發表的手稿中說道，「寫《雷雨》大約從我十九歲在天津南開大學時動了這個心思。我已經演了幾年話劇，同時改編戲、導演戲，接觸不少中國和外國的好戲，雖然開拓了我的眼界，豐富了一些舞台實踐和作劇經驗，但我的心像在一片渺無人煙的沙漠裡，豪雨狂落幾陣，都立刻滲透乾盡，又乾亢燠悶起來，我不知怎樣往前邁出艱難的步子。我開始日夜摸索，醒著和夢著，像是眺望時有時無的幻影。好長的時光啊！猛孤丁地眼前居然從石岩縫裡生出一棵葱綠的嫩芽——我要寫戲。……」我們知道曹禺當年是南開新劇團的台柱之一，在一九二七年他參加《壓迫》、

《獲虎之夜》和《國民公敵》的排演，男扮女角，小試鋒芒。而一九二八年因主演《娜拉》而聲譽鵲起，名動京津，李健吾甚至說，這可能是話劇史上最後一次男扮女裝的演出了。二九年曹禺則翻譯並主演《爭強》。而一九三五年改譯並主演莫里哀的喜劇傑作《財狂》，將舞台表演藝術推向高峰，當然這是在《雷雨》誕生之後了。

〈雷雨・序〉中曹禺說，「寫《雷雨》是一種情感的迫切需要。」又說，「宇宙正像一口殘酷的井，落在裡面，怎樣呼號也難逃脫這黑暗的坑。」爲了表達作者鬱熱、憤激情緒、甚至恐懼心理，於是《雷雨》的文本呈現的是尖銳的衝突、讓人喘不過氣的情節及懸念等「太像戲」的戲劇形式，但是創作家又擺脫不了對「沉靜」、「超越」的生命形態的深層誘惑，於是他又精心設計了「序幕」與「尾聲」，將文本的戲劇效果消解殆盡，而轉化爲一種「悲憫」。但比起因「有傷風化」等「欲加之罪」而遭禁演，更讓劇作家深感「寂寞」與「不安」的是，導演、演員甚至觀衆都把它看作是「情節戲」、「煽情戲」，而一刀砍去「序幕」與「尾聲」，肢解了《雷雨》。而這種情形在《日出》一劇又再度發生，《日出》的首次公演，就被刪去劇作家視爲「生命」的第三幕。其後《原野》的被視爲「不合時宜」而長期遭到冷落的命運，《北京人》的寫意手法、時空重疊的結構及作者預期的喜劇效果，被漠視或草率處理，都在在顯示出人們對劇作家的「誤讀」與窄化。

從三〇年代迄今，曹禺獨立創作的劇本有：《雷雨》（一九三四）、《日出》（一九三六）、《原野》（一九三七）、《蛻變》（一九三九）、《北京人》（一九四一）、《家》（一九四三）、《艷陽天》（電影，自編自導，一九四七）、《明朗的天》（一九五四）、《王昭君》（一九七九）和未完成的《橋》（一九四六）。而與別人合作的有：《全民總動員》（一九三八）和《膽劍篇》（一九六〇）。另外還改譯、改編過外國獨幕劇，如《冬夜》、《太太》（一九二九）、《鍍金》（一九三六）和《正在想》（一九四〇）等，及三部多幕劇——《爭強》（一九二九）、《財狂》（一九三五）、《羅蜜歐與茱麗葉》（一九四三）。曹禺的創作生涯，以一九四九年爲界，可分爲前後兩個時期，從一九二五年起十年間，是以業餘演劇爲主，而後轉向創作之準備及嘗試階段，一九三六年發表《日出》後，並開始他的職業戲劇教育生涯，到一九四九年爲止，他幾乎完成他一生中精采的劇本，這是曹禺思想和藝術在探索中走向成熟而成就輝煌的階段。作爲一個獨立的天才藝術家，曹禺已經攀上戲劇生命的高峰。

四九年後，在新的政治、思想、文藝氣氛裡，曹禺和他同時代的知識分子向所謂的「眞理」投降，而且是最早「自我反省」的作家，學者錢理群教授指出劇作家的軟弱性格有以致之，而他的好友吳祖光說，「他膽小，拘謹，怕得罪人」，同樣道出曹禺的弱點。於是在一九五一年，他自己動手，對他的舊作《雷雨》、《日出》、《北京人》作了一次「大手術」，相對於早期人們的「誤讀」與「肢解」，這次曹禺的「自戕」顯得似乎更爲「殘忍」了。這階段是個所謂告別舊「我」，重鑄新「我」的階段，我們看到的是往昔的餘暉和現實的陰影交疊，至多也只是蒼涼的晚霞吧！而到五〇年代的《明朗的天》、六〇年代的《膽劍篇》、七〇年代的《王昭君》，都是劇作家自願地戴上時代強加給他的鐐銬，努力用別人的頭腦去思考，儘量壓抑著自己的個性，使原有的獨創性變爲平庸。因此他雖然嘔心瀝血於人物的刻畫、細節鋪陳、語言的錘鍊，但依舊無法成就一部傑作，只帶給人一種沉重的悲涼！論者以爲這時期的曹禺遭受各方面巨大的變化，但最大的莫過於心理的蛻變。曹禺的女兒萬方說，「我的爸爸是愛熱鬧的」，優裕的地位、無數的鮮花與禮贊，似乎熨平劇作家長期的心理鬱熱，消解內心的宣洩衝動，他有意無意地疏離深刻的心靈體驗，去追趕應景的寫作任務。在這長長的自我異化過程中，我們看到劇作家寫得非常艱難、被動，甚至左顧右盼！

一九九三年九月在台北國家劇院看《北京人》的演出，那是一個滿特別的收穫。旅美導演姚樹華在得到曹禺應允及英若誠協助下改編劇本。於是一九四一年的北京與一九九三的台北相呼應，編導抓住該劇的喜劇精神，新《北京人》的喜感來自無奈，來自人的慾望與現實間的距離，來自人的可憐與可笑，來自人行爲的荒謬。除了荒謬性價值觀的抉擇外，劇中還有兩對三角戀情，一個自投羅網的通緝犯，一對崇拜北京猿人的父女，再加上打鬥及歌舞場面，令整齣戲顯得熱鬧亮麗。導演姚樹華談到，這種以一種對現存狀態半欣喜半憂慮的矛盾爲出發點的文化探討，使《北京人》改編本有強烈的後布萊希特傾向，由於是以矛盾及質疑爲目的，因此在同樣具有疏離效果及歌隊（chorus）的存在中，歌隊在劇場的功能不是呼應主要行動，而是對立於主要行動，形成另一個主要行動，另一個勢力，另一個戲劇角色，另一個世界；而這一世界與主要世界之間的比較、互動，成爲戲劇張力重要來源之一。於是曹禺的劇本被賦予新義，這或許暗合了劇作家晚年的看法，他說：「小說可以定稿，劇本永遠定不了稿，因爲它的生命在於演出。劇作家的創作，僅是戲劇創作的一個重要的部分，此外它還需要導演、演員、觀衆共同完成。……劇本是活東西，只要這劇本還在演出，還有生命力，它就是在不斷創造。」

同年的冬天，在北京復興門外大街的副部長級公寓，見到了老劇作家，雖然久病但精神仍見清爽，談論間，我們突然驚見他臉上的光彩，就如同他晚年只要提起世界級的戲劇大師、天才、巨人們，他就神采飛揚，喜不自禁！說不盡的莎士比亞、奧尼爾……，曹禺可曾想過他本可與他們平起平坐，但終究沒有攀上這歷史的高峰？在他與傳記作者田本相的談話中，我們似乎找到了答案，他說：「做人眞是難啊！你知道『王佐斷臂』的故事吧！戲曲裡是有的。陸文龍好厲害啊，是金兀朮的義子，把岳飛弄得都感到頭痛。是王佐斷臂，跑到金營，找到陸文龍的奶媽，感動了奶媽，把陸文龍的眞實遭遇點明白了，這樣才使陸文龍認清了金兀朮，他終於明白了。王佐說：『你也明白了，我也殘廢了。』這個故事還是挺耐人尋思的。明白了，人也殘廢了，大好的光陰也浪費了。使人明白是很難很難的啊！明白了，你卻殘廢了，這也是悲劇，很不是滋味的悲劇，我們付出的代價是太多太大了。」在我們告辭時，老劇作家艱難地由男護工從椅子上扶起，堅持送我們到寓所門口，和我們一一握手相別，回首那蹣跚的身影，我們悵然良久。

（原刊於一九九六年一月二十八日聯合副刊）

戲還繼續上演

一九九六年十二月十三日的黎明，戲劇大師曹禺走下了他的舞台，告別人世。消息傳來，應該是幾天後的事了，記得是個週日，力霸友聯新聞部副理藍祖慰先生，突然來電要借用曹禺的畫面，我心知不妙，果然是大師撒手人寰了。就如同一年前的中秋節也接到報社的緊急電話，那是張愛玲去逝的消息。但不同於張愛玲的是，曹禺的死訊，只有藍兄的獨家新聞和隔天中國時報、聯合報和中央日報「長河版」三篇報導，對於一代戲劇大師而言是顯得過於冷落了，當然也顯示此地藝文記者的差別待遇。記得在曹禺去逝的一年多前，我寫了〈掌聲與寂寞〉一文，談到曹禺對我的吸引一如張愛玲，一種逼人的才華，令你無法抗拒。試想想看，一個年僅二十三歲的清大外文系學生，能寫出《雷雨》那樣撼人的劇本，你不能不驚嘆他的天縱之才。但也如同張愛玲一樣，曹禺在完成他的三部曲之後，卻也「才華幽閉」，沒有寫出更好的作品，這種起點就是高峰、一出手就是風華絕代，可說是他們的共同寫照。

見到「萬方」這個名字，要遲到一九九四年的事了。在該年的五月份的《收穫》雜誌上，赫然見到斗大的兩字「殺人」，上頭署名「萬方」，那是她發表的第一個中篇小說。巧的是曹禺和萬方這對父女的文章都發表在巴金主編的刊物。當年曹禺寫完《雷雨》後，就把稿子交給他的好友靳以，當時靳以、巴金和鄭振鐸三人一起在辦《文學季刊》，靳以把劇本擱在抽屜裡，一擱就是一年，直到巴金來了，才把稿子交給巴金過目。巴金發現《雷雨》，他說：「我感動地一口氣讀完它，而且爲它掉了淚。不錯，我落了淚，但是流淚以後我卻感到一陣舒暢，同時我還覺得有一種渴望，一種力量在我身內產生了。我想做一件事情，一件幫助人的事情，我想找個機會不自私地獻出我的微小的精力。」然後《雷雨》便發表在一九三四年《文學季刊》的第三期上，巴金發現《雷雨》，也發現曹禺，他們的友誼一直維持了六十餘年，直到曹禺過世後，巴金的女兒也是《收穫》雜誌的主編李小林，曾打電話給萬方說，巴金一直惋惜曹禺的離去，「他就這麼走了，他心裡有好多好東西，他把它們都帶走了。」而這話在早些年前，巴金就寫過信勸過曹禺說：「家寶（案：曹禺本名萬家寶），你要寫，你心裡有眞寶貝，你要把它們拿出來。」那眞是「知心老友」的肺腑之言。

萬方這個名字取自萬家寶和方瑞這對恩愛夫妻，她一九五二年生於北京，從小受父親的薰陶，對文學藝術產生興趣。文革期間到東北插隊，後來加入瀋陽軍區前進歌劇團擔任創作員。一九七九年轉業回北京，曾在《劇本》月刊任編輯。八〇年代開始創作小說，同時也寫舞台劇、電影及電視劇本。改編過曹禺的《日出》爲電影，曾獲一九八六年中國電影金雞獎最佳編劇獎。一九八八年又改編曹禺的《原野》爲歌劇，該歌劇曾被邀請在中國首屆藝術節上演，後來美國華盛頓歌劇院及台灣省立交響樂團也上演過此劇。一九九二年萬方應洛克菲勒基金會邀請到BELLAGLO會議寫作中心進行交流創作活動，寫了小說〈殺人〉和話劇《誰在敲門》。萬方的小說作品有〈在劫難逃〉、〈殺人〉、〈珍禽異獸〉、〈未被饒恕〉、〈和天使一起飛翔〉等中篇，目前已結集出版，前面還有曹禺的一篇序。至於影視作品有電影「黑眼睛」、「小芳的故事」、「別哭，媽媽」，電視劇「牛玉琴的樹」、「黑色風情」、「太陽河」、「好夢難圓」、「組合家庭」等等。萬方目前除擔任中央歌劇芭蕾舞劇院的專業編劇外，寫作一直不輟。

曹禺說：「上小學的時候萬方怕數學，但她的作文不止一次被老師在全班讀過。回想起來，這就是說，人在生下來的時候可能就有一些事物是他所親近喜愛的，如果後來他做了別的，那總有一件遺憾。而萬方應該說是幸運的，她終於做了符合她的天性的事。」他又說：「在我的女兒裡，萬方是比較像我的一個，所以她成了寫東西的人。……我說萬方像我還有一點，我寫劇本是爲在舞台上給觀衆看的，她寫小說好像也是給讀者看的，讀起來不費力，有引人入勝的感覺。這一點我感到滿意。」萬方說在一九八九年，父親八十歲時，他向醫院請了假，去看北京人藝第四代演員演出《雷雨》後，父親問她們說：「你們覺得怎麼樣？還能看得下去嗎？」我回答他說，「還行。」他笑了說，「你總是這句話。不過你說還行就是不錯。」我說，「劇本是棒。」他又問，「眞的嗎？眞的還站得住？」我說，「確實還站得住，因爲劇場裡很安靜，有不少看過的人還來看，主要來看演員。還有很多從未看過的人來看，他們在每一處該有反應時都有反應。」他說，「能有人買票看這齣戲，那就不錯。」曹禺此時並不想聽到評論式的話，他只想聽到最普通觀衆嘴裡說的話，比如「挺有意思」、「好玩兒」、「眞夠複雜的」、「挺來勁兒」，聽到這樣的話他心裡最快活。他屬於爲觀衆寫戲的那類劇作家。

我曾訪問萬方讓她談我的爸爸曹禺，爲的是我在這之前讀過萬方發表在《文匯月刊》的文章，不同於某些家屬對傳主的褒揚，萬方寫出眞正的曹禺，有可能比曹禺本身的自剖更來得透徹些。今年的父親節當天乘到北京公幹之便，打了個電話給萬方，約好隔天到柳芳南里寓所見她，見面後話題總是離不開曹禺，孺慕之思飄揚在話語中，臨行前萬方交給我一片磁片，裡面有她最近寫的兩篇懷念父親的文章，回到台北趕緊輸出那電腦中的文字，一字字、一行行，掩不住「眞情」的湧現。

萬方說，我了解我爸爸，他不是一個鬥士，也不是思想家，恰恰相反，他是一個很容易懷疑自己、否定自己的人。但我深知他是一個眞正的藝術家，他的生命處於半感官半理智的形態，始終被美好和自由的情感所吸引蠱動。而他所有的情感和思想又都是充滿了矛盾的，而且都加倍地放大了。當美好被徹底打碎，所有的路都被堵死，而他又沒有任何的力量，絕望和恐懼就把他壓垮。萬方又說，我曾經給《文匯月刊》寫過一篇關於我爸爸的文章，其中提到他自己說他想當托爾斯泰。這確是他說過的話，也是在那樣一個吃了安眠藥之後的時候，痛苦把他捲走的時候。……總之我把他想當托爾斯泰的話寫下來了，結果他看了這一段急得一夜沒睡好，見了我就說：「你呀，你眞是害了我，我想當托爾斯泰，這不成了天大的笑話！就曹禺，還想當托爾斯泰？」我說：「你想當！」我用力強調了「想」字。他說：「是啊，是想當，你想當上帝也可以，不成呀！我著急得吃了安眠藥都沒用，又吃，你可把我急死了。」我說：「你自己再唸唸。」他把文章的這一段，連前帶後又唸了兩遍，看看我，支支吾吾地說：「也成吧。」然後突然把雜誌一扔，「活該呀，反正到時候我說我女兒當過編輯，都是她編的。」我樂了。萬方說，很多年以來，我爸爸沒有再寫劇本，他爲此一直痛苦。這痛苦又是他無窮靈感的源泉，甚或可說是一種天性。這痛苦不像文革時期的恐懼那樣咄咄逼人，這痛苦是只屬於他自己的。我曾經反覆琢磨這份痛苦的含意，我猜想：痛苦大約像是一把鑰匙，唯有這把鑰匙能打開他的心靈之門。他知道這一點，他感到放心，甚至感到某種欣慰。然而他並不去打開那扇門，他只是經常地撫摸著這把鑰匙，感受鑰匙在手中的那份沉甸甸冷冰冰的份量。從某種意義上說，這甚至成爲一種獨特的遊戲。眞正的他則永遠被鎖在門的裡面，也許裡面已經人去樓空，他不知道，也並不眞的想知道。但是痛苦確實是痛苦，絕沒有摻一點假。而晚年尤其是住院期間的曹禺又是怎樣呢？萬方說，他一點點地放棄了他的痛苦，放棄了由痛苦所替代的那種強烈的願望。現在他不說「我要寫東西」了。有時他說：「我當初應該當個老師，當個好老師，眞有學問，那就好了。」他常感嘆自己太沒學問。他說：「錢鍾書，人家才是眞有學問。」他檢討自己過去不用功，沒有系統地看書。偶爾，他會談起他年輕時怎樣寫作，寫得怎樣酣暢，就像講一個他做過的迷人的夢。他總要對我說：小方子，你不知道哇，人老了，眞是沒意思。他的持續不斷的悲哀感染著我，使我很難過。我知道，他也知道，他活在軀體的囚籠裡，再也當不了自己的主人了。他不得不思想，因爲他無法讓腦子停住一刻，但是思想成了蒼白、稀薄、不斷飄散而去的霧。

曹禺走了，萬方說，我爸爸終於放下了他的痛苦，放下他心裡的寶貝，還放下很多東西。他是一個極豐富極複雜的人，他一生不追求享樂，他很眞誠。他有很多的缺陷和弱點，但是他沒有罪孽。如今，他透明的生命回到一個好地方去了。是的，雖然曹禺走了，但他的藝術生命卻在萬方的身上薪火相傳，而他的戲還不斷地被搬演著。

（原刊於一九九七年十月九日中央副刊）

旅人的地圖

蕭乾在他的回憶錄《未帶地圖的旅人》一書中說，他在燕京讀國文先修班時，結識了後來對他影響很大的楊剛，楊剛這個出身大地主家庭的姑娘，一九二八年就參加了共產黨，雖然她也愛好英國浪漫主義的詩歌，但更多時間她想引導蕭乾走上革命之路。她一本本地借給蕭乾盧那察爾斯基和普列漢諾夫的理論書，但蕭乾卻怎麼硬了頭皮讀，也讀不進去。有次在圓明園散步時，楊剛就責問蕭乾說：「這麼重要的理論，你爲什麼讀不下去！這不是隨隨便便的書，這是革命眞理！」蕭乾回應：「理論，理論，充其量也只不過是張地圖。它代替不了旅行。我要的是去體驗那光怪陸離的大千世界！我要探訪人生。」是的，沒有地圖照樣可以走路，而且更不平淡，更有趣，更富於冒險性。於是蕭乾語氣堅定地告訴楊剛，他決心做個不帶地圖的旅人。弔詭的是，終其一生都帶著地圖走路的革命者，卻在一九五七年十月，竟被迫過早地結束了自己的生命；而這位不帶地圖的旅人，在經過多少狂風巨浪，卻依然沒有迷失方向，樂觀地活著！

縱觀蕭乾的探訪人生，不曾帶地圖雖使他吃了不少苦頭，但最終他不曾迷路，恐怕還緣自這位旅人在心中仍有另一份地圖。這份無形的地圖，是一種直覺、一種情緒、一種無意識，雖然觸摸不到，卻可以感覺得出；始終伴隨著他，滲進他的血液、注入他的神經，使他舉手投足，一招一式，都未能超出它的深刻規定範圍。這就是所謂的民族的意識與情感，它表現在蕭乾第一次見到黃河時，他說：「想到自己遠古的祖先就是沿著它的流域發展下來的，想到它世世代代灌溉了那片廣漠的平原，養育了祖輩先人，我對它既是景仰，又是感激。我彷彿可以自豪地說，這河是我的——或者更確切地說，我是屬於這條河的。」而在旅英七載，蕭乾的心沒有一天離開過故土，總是強烈地思念老家以及老家的一切。他說：「遊子的心是飄蕩在空中的風箏，它可以飛得很遠，很遠，然而總是緊緊繫在生他養他的那片土地上。」

而一九四九年，蕭乾的人生之路面臨著重大的選擇，他說：「一九四九年初，我站在生命的一個大十字路口上，做出了決定自己和一家命運的選擇。」他當時正在香港九龍花墟道的寓所修改《中國文摘》的稿子。擺在他面前的有三條路，一是到台灣和國民黨共同行動，一是到外國尋找安逸之地定居，一是歸國。而當時蕭乾的母校劍橋大學要成立中文系，系主任何倫（Gustav Haloun）教授親自來到香港，苦口婆心地勸他接受大學的聘請。何倫允諾，不但負擔他全家的旅費，還答應給他終身職位。當時很多人都勸蕭乾要好好考慮一下，他們說：「上策嚒，接下劍橋的聘書，將來儘可以回去作客。當共產黨的客人可比當幹部舒服。中策？當個半客人——要求暫時留在香港工作，那樣你還可以保持現在的生活方式，又可以受到一定的禮遇，同時靜觀一下再說。反正憑你這個燕京畢業，在外國又待過七年的，不把你打成間諜特務，也得罵你一頓『洋奴』！」但是蕭乾卻選擇衆人所認爲的「下策」，他和家人登上「華安輪」，隨地下黨經青島來到中共開國前夕的北京。這又是那張無形地圖的指引，蕭乾以其「我要回家」的執著意識與情感，以其要把自己投入祖國再生的偉大事業中的熱望，作出了他至今無悔的選擇。

但那些忠告從某些方面可謂說中了蕭乾爾後在中國所體驗的事實。說得更確切些，正因爲有了那些體驗，他才從記憶中選用特別生動的詞句寫了下來，絕不是爲補爾後的體驗而重編過去。我們看看「五七反右」和「十年文革」的一些特寫吧！那是出自曾經是新聞記者蕭乾的筆，他說：「五七年夏天我坐在大樓裡挨鬥時，看到善良人竟然也張牙舞爪，誠實人也睜眼撒起謊來，我絕望了。反右傾以後，這片大地更加沉寂了。革命變得唯唯諾諾，革命者變得陰陰慘慘。農場孟技術員頭天在隊部挨了批，第二天就在田埂上朝我們大聲嚷著、檢討著：『我保守，我跟不上時代。聽著，畝產可不是兩千斤，是兩萬斤！聽見了嗎？兩萬！』大家都豁出去了。那本辯證唯物主義顛倒過來唸了。諾言成了眞理。」「到六六年紅八月，革命就由陰慘慘變爲血淋淋的了。丟在胡同口垃圾堆上的六條『屍首』，有人說還沒斷氣呢，就拉到火葬場去了。大孩子告訴我，他們高中那位幹了一輩子教育工作的老師被打死後，造反派非逼著校長在陽台上抱著死屍跳舞——他乾脆跳了樓。那陣子，對不少人來說，死比活著美麗多了，有吸引力多了。我也幾乎加入了那個行列。當我看到我的家被砸得稀巴爛，多年辛辛苦苦搜集的歐洲版畫被扯個粉碎，當我看到『三門幹部』文潔若（案：蕭乾的夫人）被戴上高帽，拉到院裡大車上挨鬥的時候，我對身邊這個世界失去了興趣。」於是在八月二十三日夜裡，蕭乾吞服了一瓶安眠藥。還灌了半瓶白乾。結果他獲救了，蕭乾卻認爲「當紅色恐怖逼得人沒法活也不想活下去的時候，死亡就成了唯一的解脫。」

經過反右、十年浩劫等政治的迫害，大陸的知識份子對今天的國家或社會主義所懷抱的感情，再也不是建國初期那樣單純的了，而是多少帶有矛盾心理，或懷著蘊含更多矛盾的複雜感情。我們必須接受這種複雜性的本身，否則我們將無法接近他們的心靈的。更無法理解，在這種矛盾心理中忍辱負責的他們，有多麼強韌。

一九七九年蕭乾剛剛平反時，他說要跑好人生的最後一圈。十幾年過去，他確實跑了人生完美的一圈。這些年來他奮筆疾書，寫下一本本精彩的傑作，令年輕作家都爲之汗顏，眞可稱得上老而彌堅。尤其是九〇年代以來，他和夫人文潔若，「一對老人，兩個車間」，安貧樂道，筆耕不輟，以四年時間完成翻譯近百萬字，被稱爲「天書」的現代文學巨著《尤利西斯》，爲中國文學翻譯史上塡補了一項空白。

今年八月在北京醫院見了蕭老和文潔若，病中的蕭老臉龐顯得有些消瘦，但依然溫和微笑地談論著。拜別了蕭老夫婦，虔心祝福蕭老早日康復，因爲他將會繼續跑下去，不停地跑，不停地探索和開拓。正如他自己說的，只要他活著，絕不放下手中的筆！

蕭老是文學的多面手，他寫小說、寫散文、寫雜文、寫書評、寫新聞報導，他編副刊，他翻譯名著，他用英文介紹中國文化到西方。他雖然自稱是「平凡人」，但表現確是不平凡，要描寫他不容易，因爲他爲自己畫好「恰如其分」的自畫像，那是一篇墓誌銘。蕭老是不忌諱談「死」的，所以他爲自己寫好碑文如下：

「死者是度過平凡一生的一個平凡人。平凡，因為他既不是英雄，也不是壞蛋。他幼年是從貧苦中掙扎出來的，受過鞭笞、飢餓、孤獨和凌辱。他有時任性、糊塗，但從未忘過本。他有一盞良知的燈，它時明時暗，卻沒熄滅過。他經常疏懶，但偶爾也頗知努力。在感情漩渦中他消耗——浪費了不少精力。中年，他遭到過沉重的打擊，如晴天霹靂。他還命長，居然活著看到乾坤的扭轉，也看到自己錯案的改正。他是由衷地感激。他從不想作官，只想織一把絲，釀一盅蜜。有一段期間，他的筆曾被奪了過去。但對他來說，那段強制的沉默毋寧是塞翁失馬，因為在焚書坑儒的十年中，他既沒有書可焚，也早已算不上儒了。浩劫之後，他沒悲觀，也未搖擺，因為浩劫更證明歷史的車輪只會滾滾向前，不會倒退。但車輪的轉動不能靠空想，不能靠高調，要靠一切有志氣的中國人來推進。他也希望為此竭盡棉力。這是一個平凡人的平凡志向。他是微笑著離去的，因為他有幸看到了惡霸們的末日。」

我們彷彿看到了一個不倦的旅人，靠著他心中的地圖，隨著時代的步履，向前走去。

（原刊於一九九七年十月十六日中央副刊）

活在作品中的張愛玲

一九九四年冬在報上看到張愛玲的近照，張愛玲爲了表示是近照，手裡還特別持了一份該年七月份的報紙，頭版標題是北韓領導人金日成去世的消息。編者下了個標題，「『張看』她的身影」，《張看》是一九七六年張愛玲的散文小說集，照她自己的解釋是「『張看』，不過是套用常見的『我看□□』，填入題材或人名。『張看』就是張的見解或管窺——往裡面張望——最淺薄的雙關語。」

作家生平的文本和作品的文本，構成作家身影的血肉，但在搜尋張愛玲的生平資料時，相較於其他作家，卻顯有些不足，還好《傳奇》、《流言》等作品，傳達出作者的生命底蘊，就如張愛玲自己說的，「在文字的溝通上，小說是兩點之間最短的距離。就連最親切的身邊散文，是對熟朋友的態度，也總還要保持一點距離。只有小說可以不尊重隱私權。但是並不是窺視別人，而是暫時或多或少的認同，像演員沉浸在一個角色裡，也成爲自我的一次經驗。」又說，「寫小說的間或把自己的經驗用進去，是常有的事。至於細節套用實事，往往是這種地方最顯出作者對背景的熟悉，增加眞實感。作者的個性滲入書中主角的，也是幾乎不可避免的，因爲作者大都需要與主角多少有點認同。」於是我們在〈花凋〉中看到垂死前的鄭川嫦在黃包車上的感受，似乎可以體會十六歲的張愛玲被父親毒打、幽禁後逃出時在黃包車上的心境；而〈傾城之戀〉中白流蘇的遲暮之美，有著張愛玲對母親的依戀，而兩次從白公館出走的白流蘇，面對沒有愛的破落戶大家族，那種切膚之痛是張愛玲與母親所共有的記憶。

張愛玲在〈太太萬歲題記〉中說「陽臺上撐出的半截綠竹簾子，一夏天曬下來，已經和秋草一樣的黃了。我在陽臺上篦頭，也像落葉似的掉頭髮，一陣陣掉下來，在手臂上披披拂拂，如同夜雨。遠遠近近有許多汽車喇叭倉皇地叫著；逐漸暗下來的天，四面展開如同煙霞萬頃的湖面。對過一幢房子最下層有一個窗洞裡冒出一縷淡白的炊煙，非常猶疑地上升，彷彿不大知道天在何方。露水下來了，頭髮濕了就更澀，越篦越篦不通，赤著腳踝，風吹上來寒颼颼的，我後來就進去了。」張愛玲筆下的這陽臺，是位於上海的靜安寺路（現名南京西路）與赫德路（現名常德路）口，一幢坐西朝東的七層西式公寓，據學者陳子善先生表示，張愛玲曾兩度在此居住，一九三九年她和母親及姑姑在該樓五一室住過一個短時期，不久遠赴香港大學深造，一九四二年因太平洋戰爭爆發，輟學返滬，與姑姑一起搬入六五室（現為六○室）直到一九四八年前後因母親去國遷居為止。這短短的五、六年是張愛玲的創作高峰，《傳奇》、《流言》都先後在這裡問世的。一九五○年張愛玲搬到長江公寓三○一室，在這裡完成《十八春》及《小艾》等長、中篇小說，一九五二年七月她以繼續學業為名赴港，從此告別故國。

長期以來許多研究者一直把〈天才夢〉認為是張愛玲的處女作，據友人陳子善之辛勤搜佚，發覺在這之前，張愛玲在初二時（一九三三年）就在聖瑪利亞女校年刊《鳳藻》發表〈遲暮〉一文，而一九三六年則發表〈秋雨〉、一九三七年發表〈論卡通畫之前途〉及兩篇小品；除此之外在一九三六、七年的《國光》半月刊分別發表〈牛〉、讀書報告三則、〈若馨評〉及〈霸王別姬〉等，這些少作可見出張愛玲的早慧。五十多年後我們在上海檔案館拍下《鳳藻》年刊的這些文字，也拍下了張愛玲的高中畢業照，清秀的臉龐，有著她的「天才夢」，而數年後夢已不再是夢，而是眞正的天才了。

一九四三年張愛玲以小說處女作〈沉香屑〉（第一、二爐香）發表在《紫羅蘭》雜誌上，此後的三、四年是她創作的豐收期，然後倏起倏消，她的起點成爲她的頂點，許多人感到費解，但正如柯靈先生所言：「五四時代的文學革命——反帝反封建；三〇年代的革命文學——階級鬥爭；抗戰時期——同仇敵愾，抗日救亡，理所當然是主流。除此之外，就都看作是離譜，旁門左道，既爲正統所不容，也引不起讀者的注意。……偌大的文壇，哪個階段都安放不下一個張愛玲；上海淪陷，才給她機會。」是的，她是上海孤島廢墟中生出的荷蓮，離開了這時空與土壤，不僅沒有張愛玲的奇蹟，恐怕連張愛玲本人都沒有，這也是她心中經常的催促聲：「快，快！遲了來不及了，來不及！」「出名要趁早呀！來得太晚的話，快樂也不那麼痛快。」一個經過豪門家變的冰雪聰明女子，當她面對一度偏安的十里洋場的崩裂，她感到的是時間對人無情的壓力，難怪她要發出喟嘆道：「個人即使等得及，時代是倉促的，已經在破壞中，還有更大的破壞要來。有一天我們的文明，不論是昇華還是浮華，都要成爲過去。如果我最常用的字是『荒涼』，那是因爲背景裡有這個惘惘的威脅。」

「荒涼」、「悲涼」、「蒼涼」是張愛玲所偏愛的，她說：「我不喜歡壯烈。我是喜歡悲壯，更喜歡蒼涼。壯烈只有力，沒有美，似乎缺少人性。悲壯則如大紅大綠的配色，是一種強烈的對照。但它的刺激性還是大於啓發性。蒼涼之所以有更深長的回味，就因它像葱綠配桃紅，是一種參差的對照。」張愛玲的這番話是回應傅雷（以「迅雨」爲筆名）的〈論張愛玲的小說〉一文的觀點而發的。傅雷的性情使得他特別迷戀悲劇的崇高，對環境抗爭不息的英雄性格、英雄氣概是他所推崇的，因此他對〈金鎖記〉情有獨鍾，不僅肯定它是「張女士截至目前爲止的最完滿之作」，而且斷言它是對過去文壇流行理論、創作傾向之偏頗的「一個最圓滿肯定的答覆」，「至少也該爲我們文壇最美的收穫之一」，但對〈金鎖記〉以外的張愛玲長、中、短篇小說，傅雷都做了程度不同的否定。這就引起張愛玲寫〈自己的文章〉一文來加以辯駁，從張文中我們得知曹七巧在張愛玲的小說人物中，是個異數；除此而外他們全不是英雄，他們是時代廣大的負荷者。張愛玲要寫的是「軟弱的凡人」，而且她相信「這些凡人比英雄更能代表這時代的重量」，由此觀之，兩人的觀點是南轅北轍的。傅雷等人注重的是人生飛揚的一面，而張愛玲則看重人生安穩的一面，因爲那有著永恆的意味。

談到張愛玲小說的特色，學者趙園指出在於能將舊小說情調與現代趣味融於一爐，她將這兩種看似相剋的藝術元素統合於自己的「調子」中，這調子未必是最動人的，但對於張愛玲敍述的故事，卻是最適宜的。蔡美麗教授則認爲張愛玲小說眞正殊異超卓之處，乃在「庸俗」二字，除題材對象皆爲「庸人俗事」外，在小說更呈顯了生命「庸俗」的眞相。張愛玲曾說：「我是熟讀《紅樓夢》，但是我同時也曾熟讀《老殘遊記》、《醒世姻緣》、《金瓶梅》、《海上花列傳》、《歇浦潮》、《二馬》、《離婚》、《日出》。有時套用《紅樓夢》的句法，借一點舊時代氣氛，但也要看適用與否。」又說：「讀S. Maugham（毛姆）、A. Huxley（赫胥黎）的小說，近代的西洋戲劇、唐詩、小報、張恨水。」傳統的章回體和張恨水的小說自不必說，即便老舍的《二馬》、《離婚》等小說及毛姆等西洋名著均著重於故事之經營，而張愛玲的高妙在於能將「華洋錯綜，新舊掩映」創造出她自己的「傳奇」世界。「庸俗」的題材、「庸俗」的生命眞相，在張愛玲極端敏銳、超乎常人驅策文字的能力下，別開生面，尤以在兩性心理刻畫上具有前所未見的深刻性。〈金鎖記〉的曹七巧、〈第一爐香〉的梁太太、〈傾城之戀〉的范柳原和白流蘇、〈紅玫瑰與白玫瑰〉的佟振保，都被刻畫得入木三分。除此而外張愛玲對意象的描寫出神入化，亦非他人能及，她常以室內的景象，去形容她所要描寫的意象，如〈金鎖記〉中，「年輕人想著三十年前的月亮該是銅錢大的一個紅黃的濕暈，像朵雲軒信箋上落了一滴淚珠，陳舊而迷糊」；〈茉莉香片〉中，「她是繡在屏風上的鳥——悒鬱的紫色緞子屏風上，織金雲朵裡的一隻白鳥」。

一九四六年《傳奇》增訂本的封面，「借用了晚清的一張時裝仕女圖，畫著個女人幽幽地在那裡弄骨牌，旁邊坐著奶媽，抱著孩子，彷彿是晚飯後家常的一幕。可是欄杆外，很突兀地，有個比例不對的人形，像鬼魂出現似的，那是現代人，非常好奇地孜孜往裡窺視。」古雅的庸俗世界中有著現代的逾牆窺探，古與今、人與鬼，沉滯的盛裝與時髦的裸露的意象反差，「如果這畫面有使人感到不安的地方，那也正是我希望造成的氣氛。」

張愛玲如此說著，不錯這畫面恰如其分地傳達出作品的文本與作者的身影！

（原刊於一九九五年九月十日～十一日聯合副刊「張愛玲紀念專輯」）

此情可待成追憶

一九五〇年三月二十五日到一九五一年二月十一日止，上海的《亦報》連載了署名梁京的一部長篇小說《十八春》，梁京就是張愛玲的另一筆名，而《十八春》則是後來的《半生緣》的前身。十八年後的一九六八年，也是張愛玲的第二任丈夫賴雅（Ferdinund Reyher）去世後的一年，張愛玲將《十八春》作了刪改，就成了現在的《半生緣》。

「十八春」這個題目，一般人認為是指世鈞和曼楨相隔十八年後再重逢，而沒有深究其意。但學者陳輝揚卻在〈《十八春》的傳奇〉一文中指出：「可細尋根柢，便發覺十八春原是傳統京戲『汾河灣』中的唱詞，這齣戲敍述薛仁貴與妻子柳迎春分別十八載，驀地重逢，仁貴卻懷疑妻子有私情，且誤將兒子丁山射死，在相見前，仁貴唱（西皮流水）：前三日修下辭王本，特地回來探望柳迎春，我的妻若還不肯信，來來來算一算，算來算去十八春。一般人認爲柳迎春守得雲開見月明，其實她的青春已毀在一個自私的男人手上。《十八春》裡世鈞算來算去算出他和她第一次相見是十八年前，他正是薛仁貴的影子，他在感情上的怯懦和自私扼殺了曼楨一生最好的時光。」「十八春」題目的含意，爲我們開掘了小說的另一層內涵。

至於《十八春》的故事，張愛玲曾告訴摯友宋淇說，結構採自J.P. Marquand的「H. M. Pulham, Esq.」，但宋淇表示他細讀原著小說，覺得兩者除了都以兩對夫婦的婚姻不如意爲題材之外，幾乎沒有雷同的地方。宋淇又說：「《半生緣》這書名是愛玲考慮了許久才決定採用的。一九六六年十二月她來信說：『十八春』本想改名『浮世繪』，似不切題；『悲歡離合』又太直；『相見歡』又偏重了『歡』；『急管哀弦』又調子太快。次年五月舊事重提，說正在考慮用『惘然記』，拿不定主意。我站在讀者的立場表示反對，因爲『惘然記』固然別緻，但不像小說名字，至少電影版權是很難賣掉的。『半生緣』俗氣得多，可是容易爲讀者所接受。愛玲終於採納了這客觀的意見。」陳輝揚又說：「誰都不會忘記《半生緣》有段時期也叫《惘然記》，爲何一題竟兩用（案：張愛玲另有些作品結集名爲《惘然記》，她並於書前寫了一短文），而當日張愛玲自述寫《半生緣》是因看了很多張恨水的作品，寫出來就像還債一樣，甚至當水晶提起時，也不過是說因重印過一次，記憶還算新，又說早年的東西，都不太記得了。從她的語氣看來，她對《半生緣》似無特別偏愛，但《半生緣》確是用情甚深之作，且有不少她自己感情的殘影，比對《十八春》及《半生緣》，則無論文字、布局以至觀照的深度，《半生緣》無疑是更上層樓。」

張愛玲在她的《紅樓夢魘》一書中，煞費筆墨地研究了《紅樓夢》的版本改寫，〈四詳紅樓夢〉、〈五詳紅樓夢〉諸文則是直接地就「改寫」和「舊時眞本」爲重點，反覆對照，細緻入微地挖掘其中的成因、深意和相異之處。以她創作的體驗指出《紅樓夢》的原作者，是怎樣將寶黛的愛情故事（根據脂硯小時候的一段戀情擬想的），逐漸暗化、轉化、提煉、發揮補充的過程，並看出原作者如何在小說中偷渡自己的靈魂，但最終仍然分得清創作和眞實究竟是不同的兩碼事。而張愛玲晚年的這些一針見血的論調，卻來自她自身改寫作品的心得，恐是不爭的事實。我們看她在〈惘然記〉一文中說到：「在文字的溝通上，小說是兩點之間最短的距離。就連最親切的身邊散文，是對熟朋友的態度，也總還要保持一點距離。只有小說可以不尊重隱私權。但是並不是窺視別人，而是暫時或多或少的認同，像演員沉浸在一個角色裡，也成為自我的一次經驗。」又說：「寫小說的間或把自己的經驗用進去，是常有的事。至於細節套用實事，往往是這種地方最顯出作者對背景的熟悉，增加眞實感。作者的個性滲入書中主角的，也是幾乎不可避免的，因為作者大都需要與主角多少有點認同。」因此關於《紅樓夢》的增刪，她是反對紅學家吳世昌處處將新稿舊稿對立，那是過份簡單的看法。新舊稿之間應該是血脈相連的，而在這無數次的增刪中看出端倪，才算獨具慧眼。《十八春》到《半生緣》的改寫，題目就想了五、六個，但可惜的是原稿只有新、舊兩稿，因此似乎只能據此得出一些猜測性的結論而已。

首先《半生緣》一開頭，張愛玲把原有的十八年改為十四年了，看來她想回避《十八春》原有的直接對男性自私的批判。而原有的十八章也改成十七章，小說前面三分之二除時間的修改和一些極個別字句、段落的增刪，和《十八春》沒有兩樣，但從第十三章叔惠的出國，改動較大。共有三處更動，一是將慕瑾（改為豫瑾）本人被誣為漢奸遭國民黨逮捕，其妻受酷刑致死這段交代改成了張妻被日本人輪姦死去，張本人被抓後，下落不明。二是許叔惠赴延安變爲去美國留學。三是準團圓的結尾被刪去，原來的結尾長出一節，寫世鈞、曼楨、翠芝等都到東北去「參加革命」，其時已到了解放後，這不知怎麼就成了世鈞和翠芝「感情的再出發」；同時還出現了對曼楨傾慕已久的男子慕瑾，作者的用意似乎想以此暗示曼楨日後的幸福。張愛玲似乎也覺得這個特意弄出來的尾巴不像樣、不和諧，對她的人物的「新生」和幸福的有意暗示不過是一種虛假的允諾，缺乏邏輯發展的依據和基本的常理認同。於是在《半生緣》時，她割掉這多餘的尾巴。結尾是分別十餘年的兩對戀人曼楨和世鈞、翠芝和叔惠見面了，張愛玲這樣寫著「……曼楨半晌方道：『世鈞，我們回不去了。』他知道這是眞話，聽見了也還是一樣震動。她的頭已經在他肩膀上。他抱著她。」「她一直知道的。是她說的，他們回不去了。他現在才明白爲什麼今天老是那麼迷惘，他是跟時間在掙扎。從前最後一次見面，至少是突如其來的，沒有訣別。今天從這裡走出去，卻是永別了，清清楚楚，就跟死了一樣。」新的結局，對書中的人、書外的人都是一個寬慰，但人生的寬慰意在於此也僅止於此，這又是何等深沉的悲哀與無邊的蒼涼!!

《十八春》或《半生緣》這兩部作品，是張愛玲與胡蘭成戀情投影的寄存處。從小說的創作時間（張與胡正式分手的三年後），到張愛玲修改的費心，都隱含著她的感情殘影，尤其像她那樣不喜歡被人關注隱私的個性，她是不會直接承認或表現她的感情得失的。張愛玲似乎是把自己的靈魂借《半生緣》中假想的會面和回憶作最後一次的道別，從此永不再回頭了。她彷彿還記得多少年前那個夜晚胡蘭成最後一次吻她，而她面對著無法挽回的事實唯有淚流滿面，哽咽中卻叫得一聲「蘭成!」不是纏綿悱惻，而是淸堅決絕。在那殘冬寒夜，她與他黯然相別。此情此景對張愛玲是終身難忘的，於是她在《半生緣》中又添了一筆：「兩人（案：指世鈞和曼楨）就這麼站著，對看著。也許她也要他吻她。但是吻了又怎麼樣？前幾天想來想去還是不去找她，現在不也還是一樣的情形？所謂『鐵打的事實』，就像『鐵案如山』。他眼睛裡一陣刺痛，是有眼淚，喉嚨也堵住了。他不由自主地盯著她看。她的嘴唇在顫抖。」另外學者金宏達在〈論《十八春》〉一文中指出，《十八春》中這種爲張愛玲創作中少有的美好而明淨的戀愛描寫，也許還有一個作用，就是讓我們了解命運是在以何種力量以及何種方式整個地摧毀曼楨這個善良的女性。她在受害並被禁閉之後，竭力反抗，歷盡艱難，直至逃脫，其力量主要來自對世鈞的愛情，來自對愛的信賴與期待，卻不曾想曼璐的安排、一系列的錯過，以及世鈞的易於消沉，已經斷絕了她的後路。世鈞和別人結婚了，聽了這消息時，『曼楨兩隻手撳在窗台上，只覺得那窗台一陣陣波動著，自己也不明白，那堅固的木頭怎麼會變成像波浪似的，捏都捏不牢。』的確，誠如一句旁白所道出的，『不管別人對她怎麼壞，就連她自己的姐姐、自己的母親，都還沒有世鈞這樣的使她傷心。』」

而在現實中張愛玲的父親可能都還沒有胡蘭成這樣使她傷心，在胡蘭成的自傳《今生今世》中這樣記載著，一九四六年張愛玲由上海千里迢迢來溫州尋他，沒想到胡蘭成的身邊已然又有一個女人——范秀美，那是繼武漢小周（周訓德），在張愛玲婚後的第二個女人。一日清晨張愛玲同胡蘭成在旅館裡說話，胡覺腹痛，卻未啃聲，後范秀美來到，胡一見就向她訴說身上不舒服。張愛玲當下滿心都是惆悵酸楚，因爲胡顯然把她當成了局外人。她爲范秀美畫像，畫到一半，好好的忽然就停筆不畫了，胡一直催促著她，范走後，張愛玲對胡蘭成說：「我畫著畫著，只覺她的眉眼神情，她的嘴，越來越像你，心裡好一陣驚動，一陣難受，就再也畫不下去了，你還只管問我為何不畫下去！」張愛玲以她的敏慧，不難看出胡蘭成對范、周兩人的用情。前者青春已過（比胡大一歲，又是守寡多年），胡只是借她聊避一時（胡當時是被搜捕的漢奸）；對後者卻有更多的喜愛，對她的體貼照顧，還更在愛玲之上。胡從報上得知周小姐因他的緣故在武漢被捕，甚至聲稱要趕去自首，以便救她。張愛玲忍無可忍，要他在自己和周小姐之間做出選擇，胡搪塞道：「我待你，天上地下，無有得比較，若選擇，不但與你是委屈，亦對不起小周。人世迢迢如歲月，但是無嫌猜，按不上取捨的話。」但是張愛玲這次不接受他這套玄遠之論，她只說道：「你說最好的東西是不可選擇的，我完全懂得。但這件事還是要請你選擇，說我無理也罷。」她而且頭一回作這樣的責問：「你與我結婚時，婚帖上寫現世安穩，你不給我安穩？」雖是責問，卻是情急之言，張愛玲此時已顧不得素日的矜持，甚至強自鎮靜也做不到，直如溺水者在沒頂前方寸全亂的強自掙扎。胡蘭成果然不應，只含糊說世景荒荒，與小周未必有相見的一日，你不說也罷。張愛玲冷眼觀世，將世間男女之情的華麗外衣盡皆剝去，還其本來的霧散淒涼，但她絕沒想到，也不肯相信這種事竟應在自己的身上。得知胡與小周有染她隱忍不言，已是退了一大步，如今她千里尋夫，總以爲可以要回一份完整的感情，得到的卻是如此的答覆。當下她懷著極大的慘傷對胡蘭成說：「你到底是不肯。我想過，我倘使不得不離開你，亦不致尋短見，亦不能再愛別人，我將只是萎謝了。」離開溫州是個雨天，當張愛玲到上海後，她寄給胡一信，信中道：「那天船將開時，你回岸上去了，我一人雨中撐傘在船舷邊，對著滔滔黃浪，立涕泣久之。」這不就是曼楨的原型嗎？

《十八春》的改寫是在張愛玲的第二任丈夫賴雅去世後，張愛玲在人生又經歷一次孤身飄零，對於往事的最後回眸，她是那樣纏綿而百感交集！她寫著：「他在絕望中摟得她更緊，她也更百般依戀，一隻手不住地摸著他的臉。」是世鈞，還是蘭成？我們何曾看過張愛玲筆下有這樣動人而淒美的描寫，也唯有這一次了。「此情可待成追憶，只是當時已惘然。」張愛玲以她半生情緣，成就了一部「回不去了」的《惘然記》。

（原刊於一九九七年十月二十三日中央副刊）

一群游動的捕獵團——「作家身影」影集的拍攝過程

焦慧蘭

你接觸過老人吧！年紀相當大的老人，大到智慧逐漸從他身上褪去，臉相因一生的際遇而改變，趨前再與他談話時，發現實際上年輕壯闊的靈魂已經從他身上移走了，會有一種悲哀。

文化界尚在世的國寶級人物已鳳毛麟爪，日前蘇雪林甫過完百歲大壽，鏡頭裡的老人誠然滔滔，再一細聽，都是老人念茲在茲的心中塊壘，它已凝成胸中血塊，不問生熟、不管時地，都要一吐為快的。生年稍晚一點的冰心，好像還很清明，可以生活化的做問答，且進入情況，真要她表達生活感觸，恐怕也很難。巴金更懶得說了，他們已經活累了，對很多事情不再有那種熱忱。更有的人、事是無法等的，才連絡好夏衍的採訪事宜，不過幾日，就傳來夏公病逝的惡耗；同是「傾城之戀」、「日出」首映場地的卡爾登戲院，前次才去拍攝，下次再去已成廢墟……生命會凋朽，曾經見過但又無法將影像聲音拍攝下來，確乎是種遺憾。

「作家身影」的計劃，當初只是純由私人出資拍攝的文學電視影集。二十世紀中國文學經歷一段複雜曲折的歷程，當新文學還在成長的階段，卻在兩岸同時遭到挫折的命運。大陸文化大革命的十年動亂中，在否定一切、打倒一切的思潮下，三十年的現代文學史只能研究魯迅一人，甚而神化其人，政治色彩遠超過他的文學成就。在台灣大部份的新文學前驅者，被列為附匪作家，作品一度被禁止刊行。「五四」傳統斷絕，令當代作家對「前行代的討論、批評、闡釋及整理上留下驚人的空白」。台灣六、七〇年代的文學青年，普遍感受了這份飢渴與貧乏，他們只能由秘密管道讀到有限的「禁區」作品。同樣對文學充滿熱愛的蔡登山、陳信元，十幾年來汲汲營營透過各種閱讀及搜尋，希望能填補這段文學教育的缺口。

隨著兩岸文化交流的開放，大陸新文學時期重要作家的大量作品湧入，想做任何的梳理，都是浩大的工程。兩人幾次的理念激盪，認為應該摒棄孤立、靜止的研究方式，把眼光放在文學史宏觀的總體觀照上，並從文學的發展和運動中，與文學具體多樣的連繫線索中，去把握作家、作品以及整體的文化現象。分工合作、集思廣益是達到這些目的的有效途徑，而攝影技術的靈活運用，則是捕捉歷史的另一種方式。

於是一系列「作家身影」影集的計劃擬定了，涵蓋二十世紀中國新文學以來重要作家五十位，分為四輯錄製。每一輯製作經費兩千萬，合計整個系列製作完成需資八千萬元台幣。籌措這筆鉅額資金，並非一般人所能負擔，而文學節目的製作時間極長，且在後製之前能見的都只有材料，而看不到具體成果，更不像一般電影可以很快回收，唯一有利的是，經費的支付並不是一次傾囊而出，可依每輯不同工作期來分擔。可以確知，對這樣的事業非有確切的認知，是不可能做任何投資的。蔡登山嘗試著和幾位可能出資的人溝通，有些人不了了之，有些人知難而退，最後則由春暉影業公司獨力攬下。

此外，「作家身影」的整個工作，需要足以總攬全局的導演，他關係這個影集的靈魂與風格。蔡登山在看過雷驤的許多作品之後，確認了雷驤正是足以勝任的人選。至此開始進入拍攝第一輯十二位傳主的籌備階段。數千冊以上的參考資料、歷史圖像須要閱讀、整理，依年代、事件、地點仔細列出每一位傳主的大事記，再將十二位傳主的大事記拿來做橫的比對，勾出踏勘的景點。踏勘結果與書齋裡的佈棋，往往有極大的差異，多次的刪刪補補後，才確定攝製的景點。

兩年中，編導人員像一群游動捕獵團，中國大陸、亞洲、歐洲、美洲、南洋各處，成為他們探索的廣大田野。凡作家居停過的地方：作品故事發生地、文獻記載的行跡處所，皆為鏡頭獵取的對像。國內、海外現代文學研究者，作家親友、門生、故舊；甚至改編作家作品的導演，均被一一請上螢光幕現身說法，為傳主留下歷史見證，為作品提出多元解讀。

「作家身影」第一輯的十二位傳主包括：魯迅、周作人、郁達夫、徐志摩、朱自清、老舍、冰心、沈從文、巴金、曹禺、蕭乾、張愛玲。其中冰心、巴金、曹禺、蕭乾均能錄下其本人的音容笑貌；魯迅獨子周海嬰、周作人之子周豐一、老舍之子舒乙、沈從文之子沈虎雛、郁達夫之孫郁俊峰則是娓娓細述對先人的孺慕之情，或是親自演飾作家本人，再現作家生涯中的吉光片羽。

為使「作家身影」的拍攝，有別於一般紀錄片，給予它更多鮮活的生命，於是從作家生平、作品中切出了戲劇性較強的片段，大陸史料家陳子善為「作家身影」提供各傳主不同時期的造型，由北京、上海各大學、製片廠中，挑選型貌酷似的非職業演員百名以上，演飾傳主本人或作品中的片段。在不失真的原則下，再現歷史的片段，而沒有一般紀錄片冗長煩悶、堆砌資料的毛病，原因是片中使用蒙太奇手法、戲劇性演出。

演飾文本自然與直接閱讀文本，有不同的文學感受，為避免傳主作品由原來的閱讀習性轉換為視聽影像，而減弱它的深度，「作家身影」動用海內外近兩百名專家學者，就作家生平、作品，做「知人論世」的精闢解析。拍攝前都和學者做過問題的溝通，希望提出的回答都有獨到的見解。只要言之成理，不同的意見也都能被採集。醞釀如此的眾聲喧嘩，是希望多面剖析傳主的作品風格、歷史觀、人生觀，盡可能地還原對傳主文學成就應有的評價。

「作家身影」第一輯的製作，已進入最後的後製流程，年底以前陸陸續續可以和喜愛文學的人士分享這份成果。一點一滴、一步一回頭，花費了兩三年的時間、投注了大量的精神、財力，終於能有到目前為止各項資料收採都較全備的文學收穫，過程是非常疲累的。

然而，冥冥中「作家身影」的拍攝似乎又極順利，總能在原有的資料基礎上有更多的超越或意外的發現。雷驤回憶那回在上海檔案館的意外經驗，似乎尚延續著當時的興奮。館中專門收集二〇年代以來上海所有建築檔案，從沒有人想到來此收集文學資料，編導人員正忙於拍攝之際，陳子善就便手頭一抽，意外發現是一九三七年張愛玲就讀聖瑪莉亞女校時代的年刊，刊載張愛玲發表「論卡通畫之前途」的一篇短文。一般認為張愛玲的處女作是「我的天才夢」，此處刊載的年代更早，當下就有了史料的新出土。

事實上，「作家身影」的價值，正在這一點一滴的匯編中顯現出來。舉如掌握老舍資料最全備的是舒乙，「作家身影」在舒乙搜集的基礎上消化之外，又加進新的發現。一九四六年老舍與曹禺應美國國務院之請赴美講學，華納影片公司將二人活動情形拍成新聞短片在美各地放映，「作家身影」透過管道正積極與總公司連絡，希望取得原始紀錄片。曹禺之女萬方在認可「作家身影」之餘，將父親三十歲時寫的「北京人」手稿首次向外界披露，並讓工作人員拍攝，當時創作萌生的軌跡、用英文思考的符號、作家竭精殫慮的思維，在這手稿上斑斑可見。沈從文在柏克萊演講時，是水晶先生任英文翻譯，他不但有錄音帶而且曾整理過一段文字在《聯合文學》發表，透過水晶保留下了包括作家家屬也未曾留下的傳主原音。

踩著前人踏過的腳印，心情類似朝聖，然而更期盼的是一種追尋，而非依循。在追尋的過程中十步芳草，當代的高度或許高了點、視野或許大了些，卻未能減少作家歷史身影中留下的熠熠光采。

（原載《文訊》第一六期，一九九五年六月一日）

追尋老作家傳奇

徐淑卿

旅美小說郭松棻，正在回憶他在柏克萊與張愛玲驚鴻一瞥的情景。郭松棻說，「我打開窗子，看見張愛玲正要過街，她的身子異常單薄，穿著老舊的的旗袍，似乎感覺不出她的重量，這時有一片落葉飄下來，追上了張愛玲，也將她推進了一個傳說。」

這是春暉影業公司所拍攝的《作家身影》系列當中，關於作家張愛玲的一個片段。藉由與作家實地接觸者所做的回憶口述，消逸於時空甬道的作家形影，彷彿又再重現於我們眼前，而我們所見的其實已不僅是這位作家，也包括回憶者的音波與心魂，如同我們藉由郭松棻兜攏張愛玲的影像，同時也閱讀了郭松棻的記憶。

花費了四年時間與台幣兩千萬元，《作家身影》的第一輯終於將在七月於台視頻道播出，第一輯所追尋的作家形跡，包含了魯迅、周作人、郁達夫、徐志摩、朱自清、老舍、冰心、沈從文、巴金、曹禺、蕭乾、張愛玲等十二位。春暉的蔡登山總經理，本身是中文系出身的現代文學愛好者，他過去即曾有過整理現代文學史料的構想，但因顧慮到出版困難與銷售狀況，加上自已對影像相當熟稔，因此最後就決定以紀錄片的方式，為現代文學或因政治、或因殘闕而充滿偏見與空白的史頁，留下更完整與更生動的記錄，而透過頻道與錄影帶的流通，也更能達成普及的效果。

蔡登山認為，以現在的科技成效，所能留下的已不僅是一位作家的文字與照片，而是可以透過影像與聲音的保存，讓作家的音容笑貌傳諸久遠。而為了能及時留住這些老作家的身影與最原始的資料，蔡登山說，他們這個計畫最大的壓力，其實是來自「時間」。在第一輯的十二位作家裡，籌備時原本有五位健在，迨現在要播映時，已有兩位凋零了，至於可以為已故作家提供第一手資料的受訪者，也多是垂垂老，隨時都可能落入歷史的黑洞，因此與時間賽跑，就變成製作小組的夢魘。

由於一開始便有重整文學史料的企圖，因此製作小組跋涉各地，訪問了多位作家親屬、學生、友人與學者專家，不但對作家的生平事蹟累積豐富見證，而且學者也從各種角度分析作家與作品的意義。僅以學者而言，我們便可以聽到如夏志清、李歐梵、水晶、王德威、余光中、蔡源煌、莊信正、柯慶明、金介甫、呂正惠、馬森、以及大陸學者陳子善、黃子平、許子東、趙園、錢理群、陳平原、汪暉等人的高見。對此蔡登山非常自豪地說，全世界沒有一所大學有這麼完備的師資。而每一位老作家的旁白，也幾乎都是由作家們所撰寫的，如冰心由林海音、曹禺由嚴歌苓、張愛玲由平路、魯迅由郭松棻、郁達夫由劉克襄執筆等，因此在影像與旁白交織的互動裡，呈現的其實是兩位作家的對話，至於這個系列英語版的英譯工作，則由國際著名學者王德威負責。

蔡登山說，訪問汪曾祺時，汪老轉述了老師沈從文的一句話：「寫小說沒有技巧，就是貼著人物寫」。這令蔡登山印象十分深刻，他希望《作家身影》也能真正做到貼近傳主，因此拍攝時不但重視作家文本，而且還請演員再現作家生平與作品中的片段，讓觀眾更能融入當時情境，因此我們在詩人徐志摩那一集中，便可以看到他在泰戈爾背後，偷偷握住林徽音手的模擬情景。

《作家身影》的導演雷驤，自然也是這部傳記紀錄片的靈魂人物之一。他說，在拍攝過程中，常有的一種情況是，有些你以為存在的東西百尋不著，但一些枝節卻能勾引出新的發現，或是糾正了傳說的謬誤。在他們尋訪的過程裡，意外地找到老舍在英國教北京語時，所錄製的唱盤，等於也找到了老舍的「聲音」：而曾被視為漢奸的周作人，由於有大量遺物被家人主動燒毀，因此所能找到的資料很有限，幸好製作小組從加拿大華僑鮑耀明那裡找到周作人寄給他的一些東西，加上原來魯迅紀念館所保存的，因此《作家身影》所匯集的周作人史料，可說最為豐富。

其他一些有趣的發現更是不勝枚舉，如冰心在美國衛斯理女校，原來研究的是李商隱等中國學問，徐志摩在美國取得經濟學碩士學位的論文，寫的是「中國婦女的地位」，而張愛玲在中學時最怕聽見的是「一個有天才的女孩突然結婚去了」。

雷驤說，拍《作家身影》時，他有的只是一個媒介者的觀點，而沒有特別屬於導演主觀的觀點。他希望做到的是盡可能搜求完整的資料，並反襯當時的時代背景；而學者或口述者，即使觀點針鋒相對，只要見解精闢，他都包容進影片裡，雷驤說，他要做的是羅列而不是判斷。

（節錄《中國時報》〈開卷版〉）

重讀作家・長留身影

陳紅旭

諾貝爾獎遺珠的作家沈從文，曾對他的學生汪曾祺說：「寫小說，由人物著手，一定要貼近人物寫，掌握其神髓就是了。」

《作家身影》的催生者蔡登山，企圖以影像重現文學作家接近真實的那一面，用的就是這般儘可能貼近傳主本身的精神，呈現作家有血有肉鮮活的樣貌。

春暉影業耗資二千萬，用四年的時間，儘可能傳神、傳真的《作家身影》浩大工程終於出爐。這批在「與時間競賽」中搶救老作家的活動，企圖用另一種面向詮釋文學作家真實的一面，也是影像文學的珍貴記錄。這一系列的作家影集，將從七月三十一日起，在臺視頻道播出。

尋求老作家的身影，只是《作家身影》製作的表面理由。更深層的考量，是希望藉整理從三〇年代到七〇年代，縱橫五十年的現代文學大家的足跡風範，以立體化的影像呈現其文學精髓、作家樣貌，還有捕捉那永遠「活著」的感動。

從事的是電影工業，學的是文學，為《作家身影》催生的春暉影業製作總監蔡登山，早就有將文學語言以電影語言呈現的構想。早期雖有為現代文學理出一個脈絡的想法，但鑑於工程龐大而一般人的接受度又不高的考量下，他發現影像的呈現，應是可行的方法。於是以自已的專業和一組以雷驤為首，實力堅強的拍攝組合，遂得以優美、深邃而嚴謹的製作，重現文學作家鮮活而多重的面貌。

也許就如連橫在修臺灣通史時曾慨嘆：「今天不做，明天則更難。」的確，蔡登山也說，《作家身影》的製作，一直在「與時間競賽」，系有感於老作家們如冰心、巴金等入都已九十餘歲，如果能儘量及時留下他們的音容笑貌，相當彌足珍貴，「像已約好夏衍先生做訪問，沒想到他突然因病住院，沒多久即去世，除了惋惜，更堅定不加快腳步著手不行。」他說。

本來，作家的音容笑貌、手稿信函，就是認識作家心靈的基本材料；親人師友的側記旁述、學者專家的分析評論，如能以影像多角度展現傳主的時代背影、生活樣貌、文學成就等，並輔以作家生動的側影，這些都遠非任何厚重的傳記書籍所能企及，自然《作家身影》記錄影集的出現，變得如此鮮活而無可取代。

《作家身影》影集涵蓋二十世紀中國新文學以來重要作家五十位，共分四輯錄製，第一輯包括魯迅、周作人、郁達夫、徐志摩、朱自清、老舍、冰心、沈從文、巴金、曹禺、蕭乾、張愛玲等十二位傳主。

雖然，以影像寫文學的形式是可行的嘗試，但製作過程卻是相當艱辛。像事前的勘景工作，尋找作家生活和作品相關的場所，真是千里跋涉。蔡登山說，這批中國新文學「五四」的健將，足跡都遍及海內外，譬如探訪魯迅的故居、冰心的學校、郁達夫走過的國度，尋找曹禺在美國的蹤跡等，再和傳主、家屬、學者作訪問，都相當耗時費事；場景也就跟著由中國大陸開拔至亞洲、歐洲、美洲及南洋等地，作家出生及行跡地，作品故事發生地，當然是撰擬作家「情境再現」最重要的空間，也是攝製人員探索的廣大田野。

為了拍攝《作家身影》，蔡登山事前整理出十二位傳主，千餘冊的書籍和資料，像傳記、相關專論、刊物等，以一年的時間，讓導演雷驤啃讀，以便能更深刻的捕捉作家的神髓。

當然，製作《作家身影》影像文學，由於材料蒐求繁複而且珍貴，可視為個人歷史圖像、實物、聲音的文獻式記錄，也是呈現當時社會背影的歷史鏡頭，在輾轉的拍攝取捨下，十二卷的影帶，是由二百六十餘卷的帶子剪輯成的，可見其去蕪存菁的謹嚴精神。

談到拍攝過程中的意外發現，蔡登山驕傲地說，很多珍貴的資料都會互相牽拖出一些令人拍案叫絕的驚奇。像拍攝張愛玲時，曾找到她在聖瑪莉亞學校的畢業年刊，上有她的高中照片，應就是現存唯一的一張；再者是畢業感言中，張愛玲寫著她最怕的是「一個天才的女人，突然和人結婚去了。」用此印證她的後半生，甚是貼切；而她最喜歡的是繪畫，的確張愛玲在雜誌上發表文章，插畫就是她自已畫的，又再一次得到佐證；而她的口頭禪是「我忘了」等，都很有趣。

又像在英國，意外找到老舍的聲音，那是他在英國倫敦東方學院教外國人學中文的錄音帶，之後馬森、王次澄也都曾在倫敦亞非學院教書，似乎又藉此找到當時文人在異鄉為國爭光的例子。其他像在美國柏克萊找到沈從文的聲音；找到冰心在衛斯理學院的碩士論文，研究的是「李清照的詩與詞」；也發現蕭乾在一九八三年重回英倫的錄影帶，這些資料都是在拍攝過程中，自己跳出來的珍貴史料，呈現作家不為人知或百尋不著的一面。

的確，蔡登山和導演雷驤都有共識，儘量消化資料，期能捕捉可以進入作家心靈的影像，呈現每一個作家本人有血有肉的生命個體。而為避免傳主作品文本，由原來的閱讀習性轉換為視聽的影像，而減弱它的深度，為此也動員海內外近兩百名專家學者就作家生平、作品，做「知人論世」的精闢解析，如此「眾聲喧譁」，只為多層面、多角度地剖析傳主的作品風格、歷史觀、人生觀，儘可能地還原傳主文學成就應有的評價。

譬如因找到沈從文的紀錄帶，為了求真「情境重現」，拍攝人員重回「湘西」遊沱江，企圖捕捉他「活著」的樣子；再者像以高價購得魯迅出殯時的帶子，有照片，更有萬人空巷的畫面，「有時搶下一些鏡頭，比五千字的描述，更具價值。」這也是蔡登山的心得。

這套耗資兩千萬製作的《作家身影》，只是第一輯，英文版的詮釋，正由國際著名的文學史家王德威先生負責英譯的工程，日文版本也在考慮之列。由於影像的資料珍貴，衍生成錄影帶、LD、光碟VCD等有聲書，也都在計畫中。

不過，蔡登山還是由衷的希望，有企業或基金會願意贊助後續的拍攝工程，這項預算一億臺幣的《作家身影》系列，才完成四分之一的進度，他期待企業界能夠共襄盛舉，讓這一批中國新文學以來最具影響力的重要作家，有機會現身，重新活過。畢竟，時代似乎讓作家和作家們的文學世界寂寞得太久了。

（原載《中央日報》一九九七年七月二十三日）

歷史的福爾摩斯——專訪蔡登山

賴佳琦

綿綿春雨，選戰方酣的台北。暫時逃離宣傳車滿街鼓噪、旗幟漫天飄飛的氛圍，聽蔡登山先生說了一下午非關政治的懷舊故事。

他從小對文史興趣濃厚，文史不分家，大學聯考時志願只填這兩個系。考上中文系之後，他發現，唐詩宋詞、種種中國古典文學，都有許多大師級的學者研究，成果輝煌；而現代文學在那個年代，卻因為政治因素，可以觸及的史料有限，乏人問津。當時的現代文學課只能談朱自清、徐志摩、郁達夫三位作家，課堂上得到的資訊單薄，反而激起他研究現代文學的興趣。在戒嚴時期，只要寫到政治敏感話題，作家很可能要入獄。他讀到陳映真的《第一件差事》、《將軍族》，興奮莫名，但一直等不到陳映真的其他小說出版，原來是入獄了。而他仍不間斷地冒生命危險偷看禁書，大學畢業後任教職，一面還在做文學史料彙整的工作。他悠遊在歷史中，卻不單是歷史的閱讀者，而要做「歷史的福爾摩斯」，如高陽所說，要作一名歷史的偵探，以專業素養追究大大小小的史料，評斷其真假。

他治史全靠自修，胡適的「一分証據，說一分話」是他全心服膺的話語。不僅要為史事找到証據，更要找到反証，來証明証據的顛仆不破。他親自參與田野調查，探訪關鍵人物，遍尋文獻以佐證，雖然辛苦，但唯有如此，才能讓歷史事件更客觀更可信。「也許不能做到百分之百真實，但總要逼近百分之九十幾的真實，才足以動人。」這是他治史的大原則。

後來著手研究文學人物的歷史，連帶認識許多不同領域的人，常有意外的收穫，朋友像滾雪球愈滾愈多。「很好玩，」他一貫的口頭禪和發語詞。

他愛看電影，據他說，「大學時代一直看電影，都不讀書」，畢業後上午教書，下午就到電影圈混，從小弟作起，把電影發行的每個環節認識得很清楚。「想當年，『悲情城市』開拍的的時侯，我還差點去軋一角，演嫖客呢！」他笑說。

從「年代」到「春暉」，他把電影發行作到巔峰的境界，幫春暉老闆賺了不少錢，「擔心老闆的錢花不完，就跟他要一點來拍《作家身影》紀錄片。」這當然只是玩笑話，他眼見太多優秀的中國作家，苦無機會讓現代年輕人及國際認識，於是暗暗許願，要以影像，將這些作家以深入淺出的方式，介紹給所有人。

《作家身影》早已和王德威教授合作，推出英文版，介紹到國際間，造成極大回響。他一直相信，「二加二會等於八」。不是創作者也不是翻譯者，他只想架好一座橋樑，讓應該結合的史實早日結合，讓故事以影像的方式重現，激盪出更巨大的東西。

一九九三年，在整理新文學史料之餘，他開始籌拍《作家身影》紀錄片，擔任製作人。親率製作小組多次進出中國大陸，走訪作家遺跡遺事，四年間完成十三集。這十三集是「品質保証」的，在一九九九年榮獲教育文化金鐘獎。

要拍關於作家的紀錄片，必須熟讀其文本，才能真正貼近其心靈。作家的心靈很難捕捉，有些很狡猾，在文本中刻意抽離自已的背景，讓人完全摸不清他的心思底細。比較容易捕捉的像徐志摩、郁達夫，心裡想什麼就寫什麼，資料蒐集起來就方便多了。至於那些

「狐狸」作家，只好自一些私密性文件，如書信、日記中，去發掘他們的故事。

《作家身影》沒有固定腳本，運用各種管道蒐得的詳細史料，都存在他腦子裡，再用一些科學方法，把所有事件作成年譜和年表。到北京一趟，可能要同時訪問好幾組人馬，關於魯迅、周作人、郁達夫、徐志摩……，他靈活調度每次要訪問的人、要拍的鏡頭，再回來慢慢做後製的工作。

演員的挑選也很有趣，招考演張愛玲的女孩，就請人把張愛玲二十歲照片，放大貼在華東師大佈告欄，一大群大學女生來應徵，挑選二十名，再讓導演挑，如此精心選出的演員，活脫脫是張愛玲的翻版。

如此精緻的紀錄片，卻在他離開之後，每況愈下。大陸部分十二位作家拍完後，他離開公司，回家做自已真正想做的事。離去的原因是上面希望他能拍得更快更多，而他只想拍得更好。更快的東西通常不會太好，為了速成，被外包給好幾支隊伍拍，品質良莠不齊，缺乏之前十三集的精緻講究，有些甚至被充當新聞報導、人物特寫來拍，只作表面文章，不免疏於膚淺。

未來若能籌得經費，他構思要拍「台灣文學一百年」系列紀錄片。用黃仁宇的「大歷史」角度，細述每個年代的文學紀事。此外，他在九七年底製作的一系列政治人物紀錄片目前仍在持續，其中有長達三小時的《蔣經國與蔣方良》。

千禧年，他一口氣要出好幾本書。

其實有些是早就寫好的，因為種種作業問題，一直延後，又和今年預定要出版的書重疊。他很早以前便開始著手寫「名人的愛情故事」系列三本書，其中的《人間四月天》放在編輯那兒一年多，終於在去年十二月出版；《人間花草太匆匆》也很早完成，交給探索出版社，竟發生跳票事件，只好另找出版社來出；這兩本和第三本《人間但有真情在》，他總用四十萬字的篇幅來敘述六十四個名人的愛情故事，他很希望能合成一巨冊出版，但在台灣市場似乎不可能，在大陸比較可望出成一本。合成一本有其意義，編排方法會有所不同，他想把具有某種關聯性的名人擺在一起。

四月十日，他編註的《徐志摩情書集》就要出版。坊間附在《徐志摩全集》中的《愛眉小札》、《小曼日記》等都不夠完整，錯誤百出，志摩的書信往往沒標年代，只書日期，從前編者常把年代先後搞錯，他根據志摩的生命軌跡，將信件以真確的次序排列，讓讀者真正了解志摩的情路歷程。其中許多關鍵人物的別號，一些暗語，都有註解。他費時費力在圖書館翻找一九二六年的報紙，尋得完整的一手資料，連志摩寫凌叔華的情書，都讓他在《武漢日報》翻到了。信件是很私密的東西，即使凌叔華把一些關鍵字眼拿掉，讀者還是可以在閱讀過程中，窺探出志摩的情史。志摩和小曼最後「愛比死更冷」的狀態，也能自情書中感知。

此外，《許我一個未來——徐志摩的愛情紀事》鉅細靡遺追縱志摩的情事，《柔情裏著我的心——徐志摩的情詩與情話》輯錄志摩的精典愛情名句，此二書也即將出版，相信會成為現代年輕人談戀愛、寫情書的最佳指南。

他偏愛三〇年代，認為那是中國文學、藝術各方面的巔峰，太過平靜安樂的時代難有好作品，戰亂下大時代的故事比較動人。後來戰亂流離，文藝沒落，接收太多西方思潮，台灣當代文壇鮮少承襲到那個巔峰年代的質素。他相信，一個國族的文藝必須橫向外來移植、縱向傳統承襲，兩者兼具，才可大可久。於是，為了讓三〇年代的文學寶藏，被現代的青少年接受，他找到一個缺口，名喚「愛情」，作為年輕人認識三〇年代的切入點。他說，「我其實不是愛情專家，也不是什麼大情聖，只覺得用愛情故事表現某個大時代，較能引讀者去了解歷史的始末。」

一九九八年出版《往事已蒼老》，他將閱讀一些三〇年代作家的心得，淬煉結晶，試著用最簡潔的方式，帶讀者去觸碰作家的心靈世界。

談到「人間四月天」電視劇之所以會造成各界回響，他認為，除了因為拍得精緻，劇情精采，主要還因為劇中人「寬容」的情懷，在現在社會裡太難得。劇中人為了對方的幸福，可以犧牲自已的愛戀，而現代速食愛情得之容易、結束簡單，見到從前如此動魄的愛情格局，現代人心嚮往之，才有如此大的回響。

蔡先生的文章裡少有「我」字，以內斂的感性筆調，記載別人的七情六慾，問他寫不寫自已的情史，「會啦！總有一天，要寫寫自已初戀的故事。」他神秘地說。

（原載《文訊》第一七四期，二〇〇〇年四月一日）

作家身影

潘真

去華師大看片，是帶著些許疑惑的。前一天夜裡，陳子善先生打來電話，說台灣有家影業公司在拍五十餘集的紀綠系列片《作家身影》，問我感不感興趣。我忙問五十多集都拍些作家，陳先生便報出一串如雷貫耳的名字：魯迅、周作人、郁達夫、徐志摩、朱自清、老舍、冰心、沈從文、巴金、曹禺、蕭乾、張愛玲……真不敢相信，隔膜了近半個世紀的海峽彼岸同胞，如何拍得好這樣一部以此地作家為主的大製作？

看到的是《邊城文魄——沈從文》和《孤島上的閃光——張愛玲》兩集，一百多分鐘，我被深深打動。精緻的畫面、動人的細節、珍貴的史料、個性化的評論、詩一般的旁白……無時不在提醒著人們，這不是尋常的紀錄片，而是以名作家為傳主的傳記文學。

試片畢，蔡登山出場。這四十出頭的中年男子，眉目之間鎖著幾分天真，幾分執著和幾分躊躇滿志。「我是一九五四年在台灣出生的，不過完全沒有『台獨』思想，身為大中國之一員，應該有責任承襲中國文化……」。二十多年前的淡江大學，短短兩學期的現代文學史課，允許講授的只有徐志摩和朱自清，逆反心理使蔡登山從各種渠道找到所謂「附匪作家」的作品，如飢似渴地讀，越讀就越生崇敬之情。年輕的心中萌發出一個宏願：總有一天，我要填補這「歷史的空白」！

機緣是四年前眷顧這有心人的。當時的蔡登山，在春暉影業有限公司已有七年半的工作時光。「春暉」一向以西片發行為主業，引進過《與狼共舞》、《鋼琴師和她的情人》等著名影片。蔡登山進「春暉」之前，有過十年左右的高中教員生涯，同時以電影公司的宣傳策劃為「第二職業」。以後離開中學，先後擔任過兩個大公司的經理。大學時代的夢想，在心底蟄伏了十幾年，其間他一直保持著對現代文學史料收集的嗜好，辦公室裡觸目皆是文學書籍。他清楚大陸有關史料匯編工作做得很成功，他脫口而出大陸文學史上的「排行榜」（魯、郭、茅、巴、老、曹。），他對這一批令幾代人驕傲的作家和作品如數家珍……這些，是否足以支撐起這位「影片發行部總經理」，向「春暉」老闆游說斥巨資拍攝《作家身影》的底氣呢？終於，老闆為他所動。這才有了拍攝第一階段十三集，十二位作家的近二千萬新台幣。

蔡登山深知二千字不及一秒鐘的道理，從文字到影像轉換不好便會流於浮面。他要拍精品，所以請雷驤出山當導演。這位雷驤，一二十年前以攝影成名，其得獎作品《映象之旅》，「拍的是風景，卻蘊含強烈的人文觀照」（蔡登山語）。他還寫小說、散文、畫速寫、設計封面、開個展、拍紀綠片、玩多媒體。為了《作家身影》，製片人蔡登山早就沉到好幾千冊作家年譜、作品中去了，他又請求五十多歲的雷驤辭去原有的工作，靠「春暉」提供的基本生活費，讀書、作筆記，體會每一位傳主的心路歷程，以找出可再現當年情景的事件、細節。這樣的預習，整整作了一年。

這飽讀詩書的一行人，跨越海峽抵達北京。他們叩開了蕭乾先生的門。「不帶地圖的旅人」，笑容可掬，接受採訪，然後打電話，寫推薦信給巴金、冰心二老，幫攝製組儘早實現請巴金、冰心、柯靈、蕭乾、林海音擔任名譽顧問的構想。找著曹禺先生的時侯，老人已病重臥床。然而對這樣一些個敬業的晚輩，他動了感情：「這類沒有商業立足點的節目，竟然由民間公司不計盈虧地投下心力，這份心，怎麼說我們都該好好配合！」採訪結束了，他強撐著病體起身送客，「永遠難忘這位慈祥的老人家，站在病房門口揮手道別的景象！」蔡登山感慨繫之。

那是怎樣的兩年啊！拍攝期間，張愛玲和曹禺相繼凋零，尤為可惜的是，在請求張愛玲入鏡遭到婉拒之後，他們好不容易找到一位願意說服她的朋友，正準備再次赴美補拍時，萬萬想不到當時女作家已悄然客死異鄉了！所有的工作人員平添一份緊迫感。由於十二位作家多數活躍於「五四」前後，拍攝的大本營當然以中國大陸為主，但是，拍巴金就非得跑一趟法國，拍張愛玲和冰心在美國的生活情形必不可少，拍徐志摩、朱自清、蕭乾又離不了英國的學術氣氛，甚至為呈現郁達夫的傳奇生平還去了蘇門答臘。「搜索的過程蠻刺激的…」蔡登山成就感十足。在他們覓得的珍品中，有沈從文晚年回湘西老家的錄像，有老舍在倫敦東方語文學院教授華語時灌錄的一張教學唱片，有曹禺最著名的劇本《北京人》的手稿，有張愛玲高中時代的文章和畢業照，有汪曾祺臨終前的談話影像……個中甘苦，非局外人所能體味也！

觀看試映的兩集，我印象最深的莫過於：紀實風格鮮明。二百多位海外專家、學者從各自迥異的角度切入，以「第三隻眼睛」看那些大家；旁白又是一篇篇出自名作家的抒情美文；而那些伴隨動感畫面衝擊人心的插圖和音樂，竟是導演雷驤之傑作！

這第一階段，據說拍了一百三十小時的影像帶，光剪輯就足足耗費了八個月。還有四分之三的功課，等著蔡登山們去做。前途漫漫。

（原載上海《聯合時報》一九九七年七月十一日）

為現代文學史留下生動影像——訪台灣製片人蔡登山

陸經五

台灣春暉影業有限公司影片發行部總經理、製片人蔡登山先生攜帶著電視系列片《作家身影》到上海試映，反應良好，記者特地採訪了他。蔡登山先生說，優秀的現代文學作品，過去只是僅能在腦海裡想像，如今終於能在影像科技發達的今天訴諸膠捲，是一件很有價值的事。透過動態的安排，和生動演繹，將近代極具影響力的中國作家生平，用最淺顯而雋永的方式介紹出來，正是他從學生時代就有的夢想。《作家身影》劇集系列，從籌備到拍攝完成，足足耗費了四年的光陰，花了近二千萬台幣，用了一百二十個小時的錄影帶，完成了十三集、十二個作家的內容。

「其實這只是我們第一個階段而已，在計劃中，我們要完成五十位作家的拍攝內容，但下一季究竟能不能產生？還得視這一季反應，看看能不能找到投資者！」蔡登山說。

當春暉有意做這個電視節目時，多少人都覺得他們太傻，這種吃力不討好的節目，人人不敢碰，偏偏他們要往裡鑽，現在節目拍完了，看過的人舉起大拇指，佩服他們的蒐證功夫，以及製作的精細、畫面處理得唯美考究，的確是足堪保存的作家「紀錄片」！

「我們嘗試著以訪問、紀錄和戲劇的方式穿插表現，就是不希望觀眾覺得，這類節目就一定是曲高和寡，沉悶得難以下咽，而且為了傳達出那種時代重現的真實感，我們幾乎完全做到了作家走到哪，我們就跟隨腳步走到哪兒！」

這一套影片拍攝的足跡遍及歐亞及美洲，由於第一季的十二位作家，多數活躍在五四運動前後，所以，拍攝的大本營當然以中國大陸為基準，但是，提到巴金就非得跑一趟法國；晚年長住美國的張愛玲，在美的生活情形自不可少；英國的學術氣氛，讓徐志摩、老舍、蕭乾有過深刻回憶；甚至為呈現郁達夫晚年的傳奇生涯，製作單位也專程跑了一趟蘇門答臘。

回憶起拍攝過程的點點滴滴，令蔡登山感觸最深，還是在拍攝的過程中，張愛玲和著名劇作家曹禺相繼逝世，讓所有工作人員突然更加覺得要加快腳步，否則很多事情消逝了，就沒有機會再重來！

就目前已成的十三集內容來說，最令拍攝小組感到困難的。還是這幾位作家，尤其是已經亡故的作家，身後幾乎沒留下任何活動的紀錄影片，使得《作家身影》在拍攝中，經常面臨如何通過畫面來表現作者們文字上的質感的問題？要如何設計才不會覺得太枯燥靜態？「最好的解決方式就是用演的，為了找演員扮演這些作家及他們身邊的相關人物，我們花了很多時間，通過朋友聯繫，找了很多還在學校，或是長得非常像劇中人物的角色，為了不使演出過於戲劇化，除了魯迅個角色，因為大陸已經有了一位與他長相相似的專業演員任廣智，必須由他出任魯迅一角，其他的角色幾乎都是非職業演員擔任。」還有為了充實內容，春暉也透過關係，向各國購買當年的時代背景影片，讓《作家身影》呈現更逼真的臨場感。「像沈從文幾乎沒有留下任何的影像畫面，我們好不容易循線找到他的家人，願意提供沈從文當年回湘西老家時，親戚們用一般家庭用的V8拍下來的一些紀錄畫面！還有老舍，我們也透過管道曉得他曾經在倫敦的東方語文學院講授華語，甚至還灌錄了一張語文教學唱片，透過畫面，觀眾可以聽見老舍的原音重現，這些都是非常珍貴的發現。」除了這些影像聲音，曹禺最著名的劇本《北京人》原手稿，也在節目上首次曝光。還有一件最令製作單位最驚喜的，是當拍攝小組來到了上海檔案館，原本是要查另外的資料，沒想到卻無意間發現張愛玲唸高中時期的文章和畢業照。「這之中，有一篇張愛玲高中時期寫的文章〈我的天才夢〉，突出而特別的分析自已的寫作風格，早早的洩露了她過人的文采，可惜，當我們跟她取得聯繫，希望能拍攝她的一些畫面，她還是一如往常婉拒了邀約。」談到這裡，蔡登山還是頗覺惋惜的。

要堅持耐力完成這個不容易的艱巨工程，對整個製作群來說，維繫的力量就在作者本人或家人給予的信任和支持。像採訪曹禺時，他的身體狀況已經非常不好，必須長期住院洗腎，可是當製作小組捧著這個節目的企劃案，上門邀請他入鏡，曹禺竟然非常激動的對他們說：「這件事應該由中國大陸來做，反而你們從台灣千里跋涉、困難重重，來為我們這些人留下記錄，更何況這類沒有商業立足點的節目，竟然由民間公司不計盈虧的投下心力，這份心，怎麼說我們都該好好配合！」蔡登山說，正式採訪時，曹禺已經幾乎不能下床，但是當他們結束了他的訪談部份，准備離開時，他還是強撐病體走出病房送客，即使到現在回想起這一幕，蔡登山仍然頗有所感的說：「永遠難忘這位慈祥的老人家，站在病房門口揮手道別的景象！」。

作家的作品不可能完全掌握，只能無限走近，而對作家本人的相知，亦難矣！但透過作家的自白、親友的旁述、兼及評論家的分析，或能取得一個比較接近的作家身影。蔡登山強調，影片希望幫助觀眾，多了解作家們，究竟是「文如其人」，還是「人如其文」？

（原載 上海《文匯報》〈電影時報〉擴大版）

留住中國現代文學大家的的身影

陳俊

由巴金、冰心、蕭乾、柯靈、林海音擔任顧問的電視傳記紀錄片《作家身影》第一輯十三集，最近由台灣春暉影業公司拍竣。日前，製片人蔡登山攜片來滬並向巴金、柯靈贈送有關樣帶。柯老為紀錄片歷經四年拍攝，取得第一階段的豐碩成果感到高興，他說，隨著時間推移，這部資料片將會越來越珍貴。

魯迅、周作人、郁達夫、徐志摩、朱自清、老舍、冰心、沈從文、巴金、曹禺、蕭乾、張愛玲……這批被攝入第一輯《作家身影》的大師巨匠，所匯成的燦爛星河，足以使中國新文學傲立於世界之林。電影發行策劃的經歷，使蔡登山萌生了用電視紀錄片為五十位現代文學大家立傳的願望。

這一設想立即得到文壇耆宿的大力支持。巴金、冰心等五位先生慨然允諾擔任顧問，毫無保留地提供史實資料，蕭乾、柯靈二老還為拍攝提供了許多寶貴的建議和線索，使攝製組常有「豁然開朗」之感。林海音先生還親自撰寫冰心一集的旁白稿。

陳平原、錢理群、黃子平……幾乎所有海內外研究中國現代文學的優秀學者均薈萃於《作家身影》。他們議論風生，幫助觀察認識作家其人其文的獨特價值。由於蔡登山和導演雷驤兩年細緻的案頭準備，加上專家學者的參謀，紀錄片集中反映了近年來中國新文學研究的最新成果。

為了讓觀眾了解五四以來的作家，是一群擁抱世界、生命力旺盛的人，攝製組追尋作家的人生足跡，做到作家走到哪兒就跟到哪兒。攝製組為拍徐志摩來到英國康橋；飛赴美利堅探究張愛玲隱居的奧秘；沿著抗戰時期郁達夫南下的路線，直抵作家最終遇害的蘇門答臘。實地拍攝的場景與當年的照片對照重疊，傳達出一種歷史的真實感。原本探訪的旅途有時也是尋寶探秘的旅程。在英國，攝製組找到了老舍當年在倫敦大學東方學院教授漢語的原始錄音；在美國，查到了冰心留在衛斯理女子學院的碩士畢業論文……這些，觀眾均有幸首次耳聞目睹。

如何讓作家的身影生動起來，印在觀察的腦海之中？這是一個難題，因為不少作家，尤其是已故作家，很少留下任何影視資料，攝製組就「大膽地」找人來扮演作家和他們身邊的相關人物，如請上海演員任廣智扮演魯迅，而其他的角色幾乎都是由非職業演員擔任。蔡登山認為，這種戲劇手法有時能傳神地再現當時真實的氛圍，但用無妨。

二十世紀將盡，許多與世紀同齡的作家，以及作家重要的親友、學生，也紛紛凋零謝世。四年前紀錄片開拍時，攝製組清楚他們是在與無情的時間賽跑，要及時留住那些年事已高的作家的音容笑貌。果然拍攝期間，曹禺、張愛玲，及徐志摩的學生孫大雨、趙家璧，和沈從文的入室弟子汪曾祺，相繼逝世，好在他們「身影」（除張愛玲外）都被留住了。

《作家身影》，這部由柯靈確認為「目前第一部」系統拍攝作家資料的紀錄片，七月將在台灣首播，其英文版正在製作。蔡登山說，他們拍攝《作家身影》旨在拋磚引玉，希望兩岸三地乃至海外有更多有識之士、有志之人，一起來搶救保存整理中國文化資料。而他將繼續籌措資金，抓緊時間拍完餘下的三十八位作家的傳記紀錄片，因為蔡登山永遠難忘當時曹禺先生強撐病體送別攝製組時，投在他們身上的那股盼的目光。

（原載《齊魯晚報》一九九七年七月十八日）

十年回首——後記

蔡登山

人有回憶，回憶有痛楚，也有甜蜜，恰似一部影片的倒帶，往事歷歷，並不如煙！十年前無心插柳，拍起《作家身影》的紀錄片，一群學有專精又熱情高昂的工作伙伴，組成了「流動的狩獵團」，以傳主的廣袤時空、人事為獵物，我們帶著影機，也帶著紙筆，我?捕捉到無數珍貴的畫面，也留下不少的田野調查記錄。在「激情」過後，我寫下內心的一些感受，和「讀人」的心得，草成「身影瑣記」，或許可說是該紀錄片的延伸閱讀，但私心是想為此過程留下一鱗半爪，聊為備忘而已。

時光催人過，往事已蒼老。撫今視昔，當年還侃侃而談的傳主及親友，如今卻已走入歷史了，在雨打風吹下，真叫人不勝欷噓！還堪告慰的是我們當年曾搶拍下他們的音容笑貌，讓他們能在歷史中「活著」，否則單靠作家的作品，而終不識其人，那在「知人論世」上，是否又尚「隔」一層呢？因此，在無數的「向上帝借時間」中，我們只要聞知「緊急」的訊息，就是一連串訂機票，聯絡相關人員等，我們從江南到北國，從華夏到歐美，忘卻舟車的勞頓，為的只是要搶救那「剎那間」的「真實」，而為後來者留下一些史料罷了。

十年彈指已過，莊生迷蝶，或蝶迷莊生，已難分辨。回首前塵，堪慰半生的是，先後完成了《作家身影》和《大師身影》兩大系列紀錄片。前者為三〇年代前後作家的寫真，包括有：魯迅、周作人、郁達夫、徐志摩、朱自清、老舍、冰心、沈從文、巴金、曹禺、蕭乾、張愛玲諸位作家；而後者為晚清以降的思想文化大師的紀傳，包括有：嚴復、梁啟超、魯迅、陳寅恪、胡適、錢穆、林語堂諸位大師。人之不同，各如其面。尤其是這些思想家們深邃複雜的心靈，或許又要比起作家們更難捕捉了。也因此從詩意的寫真，到謹嚴的紀傳，我們因載體的不同，而讓它風格也各異了。

從「戊戌」到「五四」再到當今，物換星移，已歷百餘寒暑。點指江山，數一代風流人物，而今安在哉？然而風簷展書讀，古道仍照顏色。他們的許多嘉言德行，仍足為天下法，尤其像胡適先生，當年他病逝中研院，三十萬尋常百姓為其送葬，他們不是被動員的，而胡適更非達官顯要，人們的心中只為著要送「我的朋友胡適之」遠行而已。一介書生，在國家有難的時候，他拍案而起，擔任駐美大使，折衝樽俎於危難之間。政府執政偏失、漠視人權之際，他與之抗爭，不惜丟了校長職位。「莫謂書生空議論，頭顱擲處血斑斑」，胡適之是當之無愧的。而當今我們的所謂「諤諤之士」，是否能做到胡適所說的「寧鳴而死，不默而生」，是大有問題的。一代學人的風骨，在世上本是鳳毛麟角，是無庸苛責的。但胡適要我們如「鸚鵡銜水救火」，恐非我們知識份子所能推卸的責任。

「偶有幾莖白髮，心情微近中年；做了過河卒子，只有拼命向前。」讀著胡適在駐美大使時給陳光甫的詩句，心中百感交集。當年四十多歲的胡適為了國事，是拼命向前的，幾萬里講演奔波，後來甚至勞累過度，心臟病發，險些喪命。而今攬鏡自照，「朝如青絲暮成雪」，因之擅改胡適的詩句，為「已是滿頭白髮，心情又過中年」，至於能否把「十年一覺迷圖傳」的工作繼續做下去，則誰也不敢說，只是希望有志一同的伙伴們，大家既然「做了過河卒子，只有拼命向前」。前路漫漫，奮起加油吧！

承蒙秀威資訊科技的宋總經理政坤兄之不棄，讓這些隻言片語，能重回記憶。得感謝兩岸三地的傳主家屬、門生故舊，因為你們無私的投入，或接受訪談，或提供寶貴的文獻照片，讓紀錄片的影像更形豐富。也感謝許多媒體朋友，或早已熟識者，或萍蹤偶聚者，由於你們的熱情相挺，讓這一系列的影集，更為大家所熟悉，則是我們衷心所期待的。

國家圖書館出版品預行編目

往事已蒼老 / 蔡登山著 ; -- 一版. -- 臺北市
: 秀威資訊科技, 2006[民95]
面 ; 公分. --(語言文學類 ; PG0100)

ISBN 978-986-7080-75-2(平裝)

1. 中國文學 - 傳記

782.248 95014558

語言文學類 PG0100

往事已蒼老

作　　者 / 蔡登山
發 行 人 / 宋政坤
執行編輯 / 林秉慧
圖文排版 / 莊芯媚
封面設計 / 曹庭彰
數位轉譯 / 徐真玉、沈裕閔
圖書銷售 / 林怡君
網路服務 / 徐國晉
出版印製 / 秀威資訊科技股份有限公司
台北市內湖區瑞光路583巷25號1樓
電話:02-2657-9211　傳真:02-2657-9106
E-mail:service@showwe.com.tw
經 銷 商 / 紅螞蟻圖書有限公司
台北市內湖區舊宗路二段121巷28、32號4樓
電話:02-2795-3656　傳真:02-2795-4100
http://www.e-redant.com

2006 年 8 月 BOD 一版
定價:300元

讀　者　回　函　卡

感謝您購買本書，為提升服務品質，煩請填寫以下問卷，收到您的寶貴意見後，我們會仔細收藏記錄並回贈紀念品，謝謝！

1.您購買的書名：＿＿＿＿＿＿＿＿＿＿＿＿＿＿＿＿

2.您從何得知本書的消息？

☐網路書店　☐部落格　☐資料庫搜尋　☐書訊　☐電子報　☐書店

☐平面媒體　☐ 朋友推薦　☐網站推薦 ☐其他＿＿＿＿＿

3.您對本書的評價：(請填代號　1.非常滿意 2.滿意 3.尚可 4.再改進)

封面設計＿＿　版面編排＿＿　內容＿＿　文/譯筆＿＿　價格＿＿

4.讀完書後您覺得：

☐很有收獲　☐有收獲　☐收獲不多　☐沒收獲

5.您會推薦本書給朋友嗎？

☐會　☐不會，為什麼？＿＿＿＿＿＿＿＿＿＿＿＿＿＿＿＿＿＿＿＿

6.其他寶貴的意見：＿＿＿＿＿＿＿＿＿＿＿＿＿＿＿＿＿＿＿＿＿＿

＿＿＿＿＿＿＿＿＿＿＿＿＿＿＿＿＿＿＿＿＿＿＿＿＿＿＿＿＿＿＿

＿＿＿＿＿＿＿＿＿＿＿＿＿＿＿＿＿＿＿＿＿＿＿＿＿＿＿＿＿＿＿

＿＿＿＿＿＿＿＿＿＿＿＿＿＿＿＿＿＿＿＿＿＿＿＿＿＿＿＿＿＿＿

讀者基本資料

姓名：＿＿＿＿＿＿＿＿＿＿＿＿ 年齡：＿＿＿　性別：☐女 ☐男

聯絡電話：＿＿＿＿＿＿＿＿＿ E-mail：＿＿＿＿＿＿＿＿＿＿＿＿

地址：＿＿＿＿＿＿＿＿＿＿＿＿＿＿＿＿＿＿＿＿＿＿＿＿＿＿＿＿

學歷：☐高中(含)以下　☐高中　☐專科學校　☐大學

☐研究所(含)以上 ☐其他＿＿＿＿＿＿＿＿

職業：☐製造業 ☐金融業 ☐資訊業 ☐軍警 ☐傳播業 ☐自由業

☐服務業 ☐公務員 ☐教職　☐學生 ☐其他＿＿＿＿＿＿

請貼
郵票

To：114

台北市內湖區瑞光路 583 巷 25 號 1 樓

秀威資訊科技股份有限公司　　　收

寄件人姓名：

寄件人地址：□□□

(請沿線對摺寄回,謝謝!)

秀威與 BOD

BOD（Books On Demand）是數位出版的大趨勢，秀威資訊率先運用 POD 數位印刷設備來生產書籍，並提供作者全程數位出版服務，致使書籍產銷零庫存，知識傳承不絕版，目前已開闢以下書系：

一、BOD 學術著作—專業論述的閱讀延伸
二、BOD 個人著作—分享生命的心路歷程
三、BOD 旅遊著作—個人深度旅遊文學創作
四、BOD 大陸學者—大陸專業學者學術出版
五、POD 獨家經銷—數位產製的代發行書籍